V&R

Rolf Rendtorff

Kontinuität im Widerspruch

Autobiographische Reflexionen

Vandenhoeck & Ruprecht

Bibliografische Information der Deutschen Nationalbibliothek

Die Deutsche Nationalbibliothek verzeichnet diese Publikation
in der Deutschen Nationalbibliografie; detaillierte bibliografische Daten
sind im Internet über http://dnb.d-nb.de abrufbar.

ISBN 978-3-525-57308-2

© 2007 Vandenhoeck & Ruprecht GmbH & Co. KG, Göttingen.
Internet: www.v-r.de
Alle Rechte vorbehalten. Das Werk und seine Teile sind
urheberrechtlich geschützt. Jede Verwertung in anderen als den gesetzlich
zugelassenen Fällen bedarf der vorherigen schriftlichen Einwilligung
des Verlages. Hinweis zu § 52a UrhG: Weder das Werk noch seine
Teile dürfen ohne vorherige schriftliche Einwilligung des Verlages
öffentlich zugänglich gemacht werden. Dies gilt auch bei einer
entsprechenden Nutzung für Lehr- und Unterrichtszwecke.
Printed in Germany.
Satz: Text & Form, Garbsen
Druck und Bindung: ⊕Hubert & Co, Göttingen
Gedruckt auf alterungsbeständigem Papier.

Inhalt

1. Wie es anfing (1925–1933) 7

2. Jugend in Stettin (1934–1942) 11
   Die Familie 12
   Die Schule 20
   Jungenwacht 23
   Klaus 29

3. Bei der Marine (1942–1945) 38

4. Nach dem Krieg (1945) 44

5. Studium: Kiel, Bethel, Göttingen,
   Heidelberg (1946–1950) 51
   Anfänge in Kiel 51
   Zwischenstation in Bethel 54
   Ein entscheidendes Jahr in Göttingen 54
   Hochzeitliches Kiel 57
   Abschluss und Neuanfang in Heidelberg 59

6. Erste Dozenten- und Professorenjahre (1951–1963) 64
   Wieder Göttingen 64
   Berlin 73

7. Jahre des Umbruchs (1963ff) 77
   Israel: Eintritt in eine neue Welt 78
   Deutschland und Israel 83
   Christen und Juden 89

8. Jahre der Expansion (1963–1972) 100
   Hochschulpolitik 100
   Rektorat 104
   Der Anfang vom Ende 117

9. Nach dem Rektorat (1973ff) 121
   Was bleibt? 121
   Hochschulpolitische Ausflüge 123
   Parteipolitische Exkursionen 128
   Zurück am Schreibtisch 135
   Blicke über die Grenze 144
   Theologie des Alten Testaments 148
   Abschluss und Rückblick 153

1. Wie es anfing (1925–1933)

Ich bin aufgewachsen in der Zeit des Kirchenkampfes. Ich könnte sagen: in der Zeit des Dritten Reiches, aber ich sage biographisch: in der Zeit des Kirchenkampfes. Als ich anfing, meine Umwelt über den Familienkreis hinaus bewusst zu erleben und wahrzunehmen, hatte das Dritte Reich begonnen oder war im Beginnen. Mein Vater war seit 1930 Landesbischof in Mecklenburg und wurde 1932/33 in die Ereignisse sehr stark mit hineingezogen. Er hat damals versucht, wie viele, die aus der nationalen Tradition der Lutherischen Kirche kamen, das Positive an der Bewegung zu sehen, sich ihr anzuschließen, ist aber schon im Sommer 1933 in solche Konflikte geraten, dass er als Landesbischof entlassen wurde – rechtswidrig, weil er auf Lebenszeit gewählt war. So war das Jahr 1933, als ich 8 Jahre alt war, für mich geprägt von diesem Konflikt. Und von diesen Monaten an war mir bewusst, oder besser: war es im Unterbewusstsein eingeprägt, dass wir im politischen Konflikt mit der Umwelt lebten.

Die Jahre davor waren sorglos und haben bei mir nur einzelne Erinnerungen hinterlassen. Mein Vater war Leiter des Predigerseminars der schleswig-holsteinischen Landeskirche in Preetz, wo ich 1925 geboren wurde, übrigens am Sonntag Kantate im Pfarrhaus der Klosterkirche, während mein Vater dort auf der Kanzel stand und predigte. Im gleichen Jahr wurde er als Professor für Praktische Theologie nach Kiel berufen, wo ich dann die ersten Jahre meiner Kindheit verbracht habe. An das Haus in Kiel habe ich einige Erinnerungen. Es lag in der Moltkestraße, am Hang zum »Sternwartenberg«. Hinter dem Haus stieg das Gelände an, und das war für einen kleinen Jungen eine sehr aufregende Landschaft, in die man hinein steigen konnte. Einmal bin ich an dem Hang ins Rutschen gekommen und unter einen großen Haufen von abgeschnittenen Zweigen geraten. Es war gerade ein Gärtner beschäftigt, der die – in meiner Erinnerung sehr hohen – Bäume auslichtete. Ich lag also unter diesem Haufen von Zweigen und konnte mich nicht selbst befreien. Ich sah den Gärtner hoch oben auf der Leiter stehen und rief um Hilfe. Meine Mutter erzählte später, ich hätte »Herr Gärtner, Herr Gärtner!« gerufen; sie erzählte das als Beispiel dafür, was für ein höfliches Kind ich gewesen sei. Eine andere Erinnerung ist die, dass mein Vater, wohl einem Modetrend folgend, eines Morgens mit uns drei Söhnen an diesem Hang Frühsport machte. Ich kann mich nur an ein einziges Mal erinnern, und es wird wohl auch nicht viel mehr gewesen sein. Den Abschied von Kiel habe ich dann dadurch in Erinnerung, dass die Studenten meinem Vater einen Fackelzug brachten, den wir vom Fenster aus beobachteten. Ich erinnere mich an den Ruf »Burschen heraus!«, den ich nicht verstand und der mir dann erklärt wurde, als die Studenten das Lied anstimmten.

Mein Vater war zum Landesbischof von Mecklenburg gewählt worden, und so zogen wir 1930 nach Schwerin. Die Landeskirche hatte für meinen Vater ein neu gebautes Haus am Stadtrand von Schwerin gekauft, das für die Kinder eine ideale Umgebung bildete. Der Garten ging in (nach meiner Erinnerung) weite Obstgärten über, in denen wir herumstreifen konnten. Auf der leicht abschüssigen Straße konnten wir im Winter rodeln; es gab ja so gut wie keinen Autoverkehr. Ganz in der Nähe lag der Schweriner See. Dort gab es eine Badeanstalt, in der ich schwimmen gelernt habe. Ich hing dort nach damaligen Lehrmethoden an der Angel; eine sehr unangenehme Erinnerung. Ich finde es erstaunlich, dass ich nachher ein so emotionales Verhältnis zum Wasser gefunden habe. Denn Schwimmen war später eine meiner Lieblingsbeschäftigungen, bis hin zur erfolgreichen Teilnahme an Schwimmwettkämpfen, natürlich dann im Rahmen der HJ bzw. des Jungvolks.

In dem Vorort, in dem wir wohnten, gab es keine Schule. Meine Eltern schickten uns aber nicht in die nächstgelegene Schule, wohl aus politischen Gründen, weil diese Schule als sozialdemokratisch geprägt galt. So gingen wir mit Jungen aus der Nachbarschaft, teils auch Kinder von Kollegen meines Vaters, in eine sehr viel weiter entfernte Schule in einem anderen Stadtteil, nach meiner allerdings recht vagen Erinnerung in einem eher proletarischen Milieu. Dadurch hatten wir einen langen Schulweg, den wir im Winter mit der Straßenbahn zurücklegten, wobei wir in der Stadtmitte umsteigen mussten. Im Sommer gingen wir zu Fuß. Es war ein herrlicher Weg, teilweise am Schweriner See entlang, am Schloss vorbei, nach meiner Erinnerung ein Weg von etwa 40 Minuten. Im übrigen habe ich an diese ersten Schuljahre kaum Erinnerungen, abgesehen von einigen unerfreulichen Szenen von Prügelstrafen, die wir in der Klasse als Zuschauer miterleben mussten, wie es wohl damals in einem solchen Milieu üblich war.

Aber dann wurde die ganze Familie in die Spannungen mit hineingezogen, die sich durch den Konflikt meines Vaters mit der neu entstehenden politischen Situation ergaben. Mein Vater gehörte, wie gesagt, zu denen, die aus einer deutsch-nationalen Tradition kamen und Kirche und Volk in einem Zusammenhang sahen – nicht mehr in dem alten Sinne von Thron und Altar, vielmehr in dem, bei meinem Vater auch volksmissionarisch geprägten Sinne, dass die Kirche auch die Aufgabe hatte, im Volk zu stehen und dem Volk zu dienen. So sprach er schon 1932 von einem »völkischen Aufbruch«, der sich anbahnte, und stand dann dem »nationalen Aufbruch« von 1933 positiv gegenüber. Er hat im Mai 1933 sogar öffentlich seinen Eintritt in die NSDAP erklärt, der dann allerdings im August von der Partei abgewiesen wurde. Innerhalb der Landeskirche waren es vor allem die Auseinandersetzungen mit den sich formierenden Deutschen Christen, bei denen er das Hineintragen des politischen Machtanspruchs in die Kirche als Gefahr ansah. Für ihn war klar, dass theologisch die Kirche immer Vorrang hatte vor der Politik und vor dem nationalen Interesse und den entsprechenden Forderungen. Diese Konflikte führten schließlich dazu, dass er sein Amt niederlegen musste.[1]

Die Familie, insbesondere die Kinder, erlebten diese Konflikte natürlich nur am Rande mit. Ich erinnere mich an einen Neujahrsgottesdienst 1933 im Dom in Schwerin, zu dem meine Mutter mich mitgenommen hatte. Ich sehe meinen Vater auf der Kanzel stehen und mit sichtbarem Pochen auf die Bibel ausrufen: »Hier steht nichts von 1933!« Die Botschaft habe ich damals mit meinen 7½ Jahren gut verstanden. Im April 1933 setzte die mecklenburgische Regierung einen Staatskommissar für die Landeskirche ein. Meine Mutter erzählte später von den dramatischen Ereignissen, wie sie aus der Sicht der Familie erlebt wurden. Mein Vater war auf Visitationsfahrt in der Landeskirche, wie damals üblich mit dem Taxi (einen Dienstwagen gab es nicht). Meine Mutter – ich weiß nicht, mit wessen Unterstützung – suchte auf der Landkarte die Strecke heraus, auf der mein Vater fahren musste, und telefonierte mit den an dieser Strecke gelegenen Pfarrhäusern. Und es klappte tatsächlich: In einem Dorf stand der Pastor auf der Straße, mit beiden Armen winkend, informierte meinen Vater, der sofort um-

---

[1] Ein unmittelbarer Zeitzeuge hat diese Konflikte im Detail beschrieben: Niklot Beste, Im Bischofsamt, in: Paul Toaspern (Hg.), Arbeiter in Gottes Ernte. Heinrich Rendtorff, Leben und Werk, Berlin 1963, 37–52.

kehrte. Seine Mitarbeiter erzählten dann von seinem dramatischen Auftritt, wie er gleichsam mit aufgekrempelten Ärmeln in sein Amtszimmer hereinstürzte, in dem der Staatskommissar saß. Mein Vater hat ihn quasi hinausgeschmissen. Tatsächlich wurde die Einsetzung des Staatskommissars nach Verhandlungen bis hin zum Reichsinnenministerium in Berlin nach wenigen Tagen wieder aufgehoben.

Die Konflikte betrafen natürlich auch das Verhältnis zwischen meinem Vater und der offiziellen Führung der Partei in Mecklenburg, insbesondere zwischen ihm als Landesbischof und dem Gauleiter Hildebrand. Dies habe ich sehr hautnah erlebt, denn der Gauleiter Hildebrand wohnte gleich um die Ecke. Dieses Gebiet am Stadtrand, an das sich Wälder und Wiesen anschlossen, war unser Spielgebiet. Die Gruppen, die sich da bildeten, waren keine Banden, sondern Spielgruppen. Ich war in der einen und der Sohn des Gauleiters in der anderen; er war dort so eine Art Gruppenführer. Ich erinnere mich an eine Begegnung, die vieles beleuchtet. Die beiden Gruppen trafen aufeinander; wir waren kleine Kerle, ich war 8 Jahre alt, und wir hatten noch keine großen Auseinandersetzungen gehabt, es war alles sehr spielerisch. Der Sohn des Gauleiters trug ein HJMesser, ein »Fahrtenmesser« mit einem HJEmblem darauf. Ich fasste das an, worauf er sagte: »Lass das, das ist zu ernsteren Dingen da.« Das hat sich mir sehr eingeprägt, obwohl ich später selber dieses Messer getragen habe an der HJUniform. Aber dies war eine andere Welt, in der er mit diesem Messer etwas Anderes vorhatte, ohne dass ich das damals weitergedacht hätte.

Der neu ernannte Reichsbischof hat später noch einmal meinen Vater besucht, wohl in dem Versuch, sich mit ihm zu arrangieren. Ich habe diesen Besuch auf eine mehr komische Weise erlebt. Ich war nämlich gerade auf den Apfelbaum hinter unserm Haus geklettert und war runter gefallen und fing an zu schreien. Ich glaube auch, dass ich das Recht hätte zu schreien, weil ich mir wehgetan hatte. Aber mein Bruder, der gerade mit Freunden um die Hausecke lugte und der Abfahrt des Reichsbischofs in seinem großen Dienstwagen zuschaute, zischte mich an: »Sei still, der Reichsbischof fährt gerade weg!« Ich musste also mein Schreien unterdrücken, bis der Reichsbischof abgefahren war. Ich erzähle dies als Beispiel dafür, dass die Familie in die Hektik mit einbezogen war, ohne dass wir als Kinder genau gewusst hätten, was vor sich ging. Aber wir haben es dann dadurch sehr massiv erfahren, dass wir nach der Entlassung meines Vaters Ende 1933 bzw. Anfang 1934 aus Schwerin wegziehen mussten.

2. Jugend in Stettin (1934–1942)

Mein Vater hätte sich – als Landesbischof auf Lebenszeit – in den Ruhestand versetzen lassen können. Aber er war damals 46 Jahre alt und hatte keineswegs die Absicht, sich zur Ruhe zu setzen. Vielmehr wollte er zurück ins Pfarramt. Er wurde, wie ich es verstanden habe, »abgeschoben« nach Pommern, wo ein linientreuer Landesbischof amtierte, unter dessen Aufsicht man ihn wohl stellen wollte. So kam er als Pastor nach Stettin. Dies bedeutete für uns nicht nur einen Ortswechsel, sondern den Wechsel in eine Umgebung, die von uns in einem feindlichen Sinne als fremd empfunden wurde. Denn auch wir Kinder wussten, dass wir nicht freiwillig dort waren. Das hatte auch zur Folge, dass ich in Stettin eigentlich nie heimisch geworden bin. Ich war acht/neun Jahre alt, als wir nach Stettin zogen, und alle Freunde, die ich gewonnen habe im Laufe meiner Jugend- und Schulzeit, Freundinnen dann auch, waren natürlich in Stettin. Trotzdem habe ich mich nie dort zu Hause gefühlt. Das trifft allerdings nur für Stettin als Stadt zu. Ich bin sehr ungern mit der Straßenbahn gefahren außerhalb der Strecken, die ich zur Schule fahren musste. Ich hatte immer das Gefühl, in fremdes, im Grunde feindliches Gebiet zu kommen, fast etwas Verbotenes oder Gefährliches zu tun, wenn ich mit einer fremden Straßenbahn in einen fremden Stadtteil fuhr.

Aber unser eigentlicher Lebensbereich lag am Stadtrand, im Ortsteil Braunsfelde. Mein Vater hatte es vorgezogen, statt der für ihn vorgesehenen Gemeinde in der zentralen St. Jakobi-Kirche die Wartburg-Gemeinde in Braunsfelde zu übernehmen. Die Wartburg-Kirche war eigentlich nur ein geräumiges Gemeindehaus. Eine Kirche sollte noch gebaut werden, was allerdings nie geschehen ist. (Inzwischen ist die Wartburg-Kirche unter den völlig veränderten Umständen zu einer großen katholischen Kirche ausgebaut worden.) Für uns war aber Braunsfelde mit seiner Umgebung der eigentliche Lebensbereich. Diese Umgebung habe ich mir nach und nach mit dem Fahrrad erobert. Das Rad, wie wir abgekürzt sagten, war überhaupt mein wichtigstes Fortbewegungsmittel und bedeutete zugleich ein Stück Freiheit. Zu unserer Umgebung gehörte auch der Glambeck-See mit seinem großen

Schwimmbad. Im Sommer habe ich mich oft gleich nach dem Mittagessen aufs Rad geschwungen und bin dorthin gefahren. Die Schularbeiten mussten warten. Manchmal habe ich sie noch morgens früh erledigt. Glücklicherweise ließen mir meine Schulleistungen den Spielraum für diesen etwas lockeren Umgang mit den Hausarbeiten.

Die Familie

Wir waren ein sehr großer Geschwisterkreis. Meine Eltern hatten neun Kinder. Ich formuliere das so, weil die Älteste sehr früh gestorben ist; wir waren dann also acht Geschwister, und sind in diesem Geschwisterkreise aufgewachsen. Und da die Eltern darauf achteten, dass niemand zu kurz kam, musste man sich auch nicht selber durchsetzen. Im übrigen gab es eine gewisse Gruppierung. Wir waren zunächst drei Jungen. Da mein ältester Bruder Heinz wegen einer Behinderung wenig zu Hause lebte, waren wir eigentlich zwei Brüder, mein älterer Bruder Klaus und ich, und dann kamen die Mädchen, so dass von vornherein eine Gruppierung bestand. Man hatte aber keine Rivalitäten untereinander. Trutz als der Jüngste bildete sozusagen eine eigene Gruppe. Mit ihm hatte, zu unserer großen Befriedigung, die Zahl der Söhne wieder mit der Zahl der Töchter gleichgezogen: je vier.

Meinen älteren Bruder Klaus habe ich immer sehr bewundert. Er war anders als ich; er war ein musischer Mensch, spielte sehr gut Geige; er dichtete, er las sehr viel. Ich war dagegen mehr extrovertiert, der Sportliche. Es gibt noch aus der Zeit in Schwerin zwei ungefähr gleichzeitig aufgenommene Fotos: Klaus in einer Hängematte liegend und lesend, ich auf der Reckstange sitzend. (Meine Eltern hatten uns ein großes Schaukelgerüst mit separater Reckstange in den Garten gestellt, das dann auch mit nach Stettin gewandert ist.) Aber es wirft vielleicht ein Licht auf das, was bei uns an Werten galt, dass ich immer das Gefühl hatte, was er konnte, war mehr wert, wog mehr. Ich habe mich deshalb immer ein bisschen ihm unterlegen gefühlt. Erst später, als wir älter wurden und auch über so etwas miteinander sprachen, habe ich gemerkt, dass er sich auch mir gegenüber benachteiligt fühlte, weil ich sportlicher war, was ja damals viel galt. Aber ich habe eigentlich immer ihn als das Vorbild betrachtet, an dem ich mich zu orientieren versuchte, wenn ich auch anders gelebt habe als er.

Wie gesagt, es gab in dieser Familie keine Durchsetzungsprobleme, andererseits die selbstverständliche Rücksicht aufeinander. Wenn ich mir überlege, was ich als wichtigste Regeln des Umgangs miteinander betrachten würde, dann würde ich spontan sagen: Rücksichtslosigkeit ist die am meisten negativ zu bewertende von allen menschlichen Verhaltensweisen. Und das muss ja wohl in dieser Erziehung begründet liegen. Ich bin weit davon entfernt zu behaupten, wir hätten nach der Bergpredigt gelebt, aber ich glaube, dass bei Gesprächen über solche Fragen, wenn sie stattgefunden hätten, eher von der Bergpredigt her argumentiert worden wäre als von der Forderung, sich durchzusetzen. Der Gedanke, dass man Ellenbogen entwickeln müsste, ist in meiner Erziehung und auch in meinen frühen Vorstellungen nie vorgekommen.

Ich habe eine negative Erinnerung daran, dass mir einmal Rücksichtslosigkeit vorgeworfen wurde, die ich nicht als solche empfunden hatte. Das war noch in Schwerin, wo das Haus sehr viel enger war als später in Stettin. Mein Vater hatte uns eingeschärft, dass meine Mutter Mittagsruhe hielt, und wir leise sein sollten. Ich kam die Treppe herunter, mein Vater kam aus seinem Zimmer heraus, zog mich hinein und holte hinter dem Bücherregal einen Rohrstock hervor, von dessen Existenz ich zwar wusste, mit dem ich aber vorher noch nie Bekanntschaft gemacht hatte. Er ließ mich diesen Stock spüren, weil ich zu laut die Treppen heruntergegangen war. Das war sicherlich objektiv richtig, aber ich hatte es bewusst nicht so erfahren. Wenn man als Achtjähriger mit etwas dicken, wetterfesten Schuhen die Treppe heruntergeht, das macht halt Lärm. Und so tief war diese Forderung zur Rücksicht nicht in mein Bewusstsein eingedrungen, dass ich sie in Verhalten hätte umsetzen können. Es hat sich mir dann natürlich eingeprägt, wie wichtig die Mittagsruhe meiner Mutter war.

Aber ein anderer Aspekt ist vielleicht noch wichtiger, weil dann ja später die Kriegszeit kam. Bei allem, was mit dem Essen zu tun hat, ist es noch heute so, dass ich immer, wenn etwas auf Teller verteilt wird, unwillkürlich vergleiche, ob alle gleich viel bekommen. Ich würde nie wagen, für mich selbst mehr haben zu wollen; das würde sofort eine Tabugrenze verletzen. Aber ich finde es auch nicht in Ordnung, wenn ich zu wenig bekomme. Dadurch dass es sich vor aller Augen abspielte, war das Teilen, das gleichmäßige Teilen, ein Prinzip, das von allen anerkannt wurde. Niemals hätte einer versucht, für sich etwas zu ergattern, was ihm nicht zustand; aber umgekehrt bedeutete dieses Gerechtigkeitsgefühl auch, dass man nicht zu kurz kommen wollte.

Meine Mutter war eine sehr sparsame Frau. Als Kind kann man das ja nicht beurteilen, vor allem wenn über Geld nie gesprochen wurde; aber ich habe das wohl von anderen gehört. Es ging uns finanziell sicherlich nicht schlecht; ich glaube, dass mein Vater die Differenz zu seinem Landesbischofsgehalt weiter bekam, auch als er Gemeindepastor war. Aber wir waren viele Leute, und meine Mutter war gewohnt, mit dem Essen sparsam umzugehen. Es gab wenig Fleisch, viel Nudeln und Reis mit viel Gemüse und andere gute Sachen. Milchreis mit Zucker und Zimt war eine von uns Kindern sehr geliebte Hauptmahlzeit. Und Kakao spielte eine Rolle: Am Sonnabend Abend gab es Kakao mit Zwieback, d.h. Kakao in Form einer Suppe, in die Zwieback hineingebrockt wurde. Das war regelrecht ritualisiert, und das gab es jeden Sonnabend Abend, so lange ich denken kann. Sonntags gab es zum Frühstück Weißbrot, und dazu Ei – nicht etwa für jeden ein Ei, sondern hart gekochte Eier, die aufgeschnitten wurden und von denen man sich ein paar Scheiben aufs Brot legen konnte. Und es gab sehr viel Obst. Wir hatten einen großen Garten mit eigenen Obstbäumen, und dazu hatten meine Eltern noch das Grundstück gepachtet, das für den Bau einer Kirche vorgesehen war (die nie gebaut wurde). Dorthin ging meine Mutter vor Tau und Tag, um den Garten zu beackern und Gemüse anzubauen; wenn sie zurückkam, weckte sie uns für die Schule. Wir haben gemeinsam das Obst in beiden Gärten geerntet – vor allem Äpfel. So hatten wir den ganzen Winter über den Keller voller Äpfel; das war ein fester Bestandteil unserer Ernährung.

Übrigens saßen an unserem Tisch immer andere Leute mit dabei. Wie selbstverständlich das war, kommt in einer kleinen, gern erzählten Anekdote zum Ausdruck: Eines Tages, als einmal zufällig kein nicht zur Familie Gehöriger mit am Tisch saß, sagte eine meiner kleinen Schwestern, offensichtlich überrascht: »Kein fremdes Auge ruht auf uns.« Das wurde dann in der Familie zum geflügelten Wort. Außer den Vikaren und häufigen »pastoralen« Besuchern – das konnte auch schon mal Hanns Lilje sein – saßen immer ein oder zweimal in der Woche auch noch andere an unserem Tisch. So gab es z.B. in dem Bekanntenkreis in der Gemeinde eine Familie, die in sehr ärmlichen Verhältnissen lebte, weil der Vater, ein Akademiker, Alkoholiker war; deren Kinder, mit denen wir auch befreundet waren, kamen regelmäßig zum Essen zu uns. Aber ich habe das eigentlich nie als Privilegierung erfahren, dass wir andere einladen konnten, die es nötig hatten, zumal ich auch selber nicht über Geld verfügte, weil wir mit dem Taschengeld sehr kurz gehalten wurden. Ich wusste, bei uns gab es genug zu essen, und bei denen gab es zu wenig, weil die Situation bei ihnen schwierig war. So gehörte es ganz selbstverständlich dazu, dass man anderen etwas abgab.

Mein Vater war in meiner Erinnerung mehr Amtsperson als intime Bezugsperson. »Amtsperson« gar nicht im negativen Sinne, denn für uns war ja die Familie und der Beruf meines Vaters eigentlich ein großer Lebensbereich, vor allem als wir dann in Stettin in einem Pfarrhaus lebten, wo die Kirche direkt nebenan war. Wenn ich an meinen Vater denke, fallen mir zuerst Bilder ein, wie er auf der Kanzel steht, oder im Talar von unserem Haus über die Straße zur Kirche hinübergeht. Dann war er überhaupt nicht ansprechbar, dann war er ganz Amtsperson, fast Kultperson möchte ich sagen. Und auch sonst war er eigentlich mehr der Familienpatriarch, der bei den gemeinsamen Anlässen der Familie, hauptsächlich bei den Mahlzeiten, in Erscheinung trat, wirklich geradezu »in Erscheinung trat« und seinen Platz ganz oben an der langen Tafel einnahm. Ich habe das nie als Mangel empfunden, ich kannte es ja nicht anders. Wenn man zu ihm ins Zimmer wollte, musste man anklopfen. Ich tat das nicht oft, aber z.B. wenn ich mit meinen lateinischen Hausaufgaben nicht zurechtkam und mir von ihm etwas erklären oder übersetzen ließ.

Ein ganz wichtiges Element des Familienlebens waren die gemeinsamen Sommerferien: Wir haben immer sehr schöne, lange Ferien an der Ostsee gemacht, immer in demselben Haus in Heidebrink auf Wollin. Da konnte mein Vater auch einmal sehr ausgelassen sein. Aber in der Erinnerung dominiert ein anderes Bild: Mein Vater kam – er war ein etwas untersetzter, auch ein bisschen beleibter Mann – im Bademantel und hatte immer ein Buch mit zum Lesen im Strandkorb. Er trug dieses Buch in der gleichen Haltung unter dem Arm, in der er auch seine Bibel oder seine Agende trug, wenn er zum Altar ging. Ich sehe ihn also an den Strand kommen in genau der gleichen Haltung, und nachdem er ein bisschen geschaut hatte, was wir machen und ob alles in Ordnung ist, sich in den Strandkorb setzen und sein Buch aufschlagen.

Aber mein Vater konnte auch manchmal sehr ausgelassen sein. Beim Baden an der Ostsee markierte er manchmal das Seeungeheuer, das uns scheinbar in Furcht zu setzen versuchte. Im übrigen waren vor allem seine Redensarten – »Schnäcke«, wie er sie nannte, – buchstäblich sprichwörtlich. So sagte er z.B. wenn ihm das Essen besonders gut schmeckte: »Das kann man ohne Prügel essen« oder: »Das kann man dem ärmsten Mann vorsetzen.« Oder er spielte mit verballhornten fremdsprachigen Redensarten, z.B. wenn er seine Arme weit über den Tisch ausstreckte, um etwa an das Salzfass zu kommen, wehrte er Hilfe ab mit den Worten: »Je peux à tout.«

Meine Mutter war eigentlich auch fern, auf eine andere Weise. Sie weckte uns morgens, aber das war sehr unpersönlich. Nicht in einer negativen Weise, sie musste uns ja alle wecken; jeder wurde also von ihr sozusagen funktionell betreut. An irgendwelche intimen Begegnungen oder Kontakte kann ich mich nicht erinnern. Zärtlichkeit ist etwas, was in der Erinnerung an meine Kindheit überhaupt nicht vorkommt. Abends gab es einen sehr konventionellen Gutenachtkuss auf die Wange, aber sonst gab es eigentlich keine Zärtlichkeiten. Es konnte auch durchaus vorkommen, dass man die Mutter außer bei den Mahlzeiten tagsüber gar nicht weiter sah. Bei den Mahlzeiten sehe ich sie vor mir mit einem großen Stapel von Suppentellern vor sich und einer großen Suppenschüssel mit der Kelle. Der Tellerstapel war so hoch, dass sie die Suppe im Stehen austeilen musste. Sie füllte die Suppenteller, und die wurden herumgereicht; das gehörte zum Ritual beim Essen.

Ich habe manchmal nachgedacht über diesen Mangel an Zärtlichkeit, und da ist mir eine Geschichte eingefallen, die sich mir wohl sehr tief eingeprägt haben muss. Ich war vielleicht 7 Jahre alt. Meine Mutter pflegte auf den Stuhl neben dem Bett abends die Kleidungsstücke hinzulegen, die man morgens anziehen sollte. Eines Morgens wachte ich auf und sah auf dem Stuhl Kleidungsstücke liegen, die eigentlich eher für den Sonntag oder für irgendeinen etwas feierlicheren Anlass gepasst hätten. Ich habe dann gefragt, was das bedeute, und dann erfuhr ich, dass mir an diesem Tag die Mandeln herausgenommen werden sollten. Offenbar hatte man mir das nicht gesagt. Ich war vorher beim Arzt zur Untersuchung gewesen, aber dass an diesem Tag die Operation sein sollte, entdeckte ich durch diese Kleidungsstücke. Dann fuhren wir dorthin in einem Taxi, was damals für uns etwas sehr Seltenes war. Ich hatte natürlich Angst vor der Operation und fragte meine Mutter, ob ich auf dem Rückweg – das Ganze wurde ambulant gemacht – meinen Kopf auf ihren Schoß legen dürfte. Und da sagte sie Nein. Ich könnte in Schwerin die Stelle zeigen, wo das war. Vielleicht weiß ich überhaupt nur noch deshalb wie diese Gegend am Pfaffenteich – ein kleiner See in der Stadtmitte – aussah, weil sich mir eingeprägt hat, was ich in diesem Augenblick an Umwelt gesehen habe.

Noch eine andere Szene ist im Gedächtnis, etliche Jahre später in Stettin. Da war es irgendwie aufgekommen im Geschwisterkreis, und vielleicht bin ich sogar der Initiator gewesen, dass man, um überhaupt einmal in Ruhe mit meiner Mutter sprechen zu können, sich zur »Sprechstunde« bei meiner Mutter nach dem Mittagessen anmeldete. Plötzlich fiel es beim Essen jemandem ein, dass er das wollte, und er rief dann laut – das war inzwischen auch schon ritualisiert: »Erster Sprechstunde«. Dann fiel gleich ein zweiter und dritter ein: »Zweiter Sprechstunde« usw. Irgend jemand hat einmal fotografiert, wie ich dann bei meiner Mutter auf dem Schoß saß, und ich war mindestens 12 Jahre alt. Aber um überhaupt einmal mit meiner Mutter allein zu sein und gar bei ihr auf dem Schoß zu sitzen, musste ich mich eben zur Sprechstunde nach dem Mittagessen anmelden. Als Kind reflektiert man diesen Mangel ja nicht, aber er muss wohl sehr ausgeprägt gewesen sein. Und so ist es bis heute, dass es zwischen den Geschwistern, auch mit meinen Schwestern, irgendwelche Zärtlichkeiten eigentlich gar nicht gibt.

Damit habe ich schon etwas über die Geschwister gesagt. Die älteren, vor allem mein älterer Bruder Klaus und ich, wir hatten unseren Lebenskreis. Dann kamen die Mädchen. Sie hießen in unserem norddeutschen Sprachgebrauch »die Lütten«, die Kleinen. Die älteste von den Schwestern, Ilse, die nur anderthalb Jahre jünger war als ich, legte immer großen Wert darauf, dass sie nicht zu den Lütten gehörte. Aber notgedrungen, weil sie sich viel um ihre kleineren Schwestern kümmern musste, war sie innerhalb der Familie mehr zu ihnen hin orientiert als zu uns. Als wir älter wurden, hat sich dann dadurch ein Kontakt zwischen uns entwickelt, dass wir gemeinsam Tanzstunde hatten, so dass wir für eine gewisse Zeit einer Altersgruppe angehörten. Aber sonst war das Leben dieser beiden Hauptgruppen doch stark getrennt. Und Trutz, der Jüngste, bildete eine eigene »Gruppe«. Wir beide waren im Alter zu weit voneinander entfernt, als dass wir viele Gemeinsamkeiten gehabt hätten. Das änderte sich nur einmal, in meinem letzten Schuljahr, als Trutz inzwischen in die Sexta des Marienstifts-Gymnasiums eingerückt war und wir morgens gemeinsam mit dem Fahrrad in die Schule fuhren. (Der Unterricht fand damals in dem günstiger erreichbaren KWG statt, weil das Gebäude des Marienstift in ein Lazarett umgewandelt worden war.) Im übrigen war die Familie regelmäßig bei den Mahlzeiten versammelt – und natürlich in den langen Ferien an der Ostsee, in Heidebrink auf der Insel Wollin. Da gibt es allerlei Erinnerungen, nicht zuletzt an das gemeinsame Singen in zwei zusammen geschobenen Strandkörben bei schlechtem Wetter. Einmal komponierte Klaus kurzerhand einen dreistimmigen Kanon mit dem Text: »Kommt und badet / an der Ostsee / Heidebrink«.

Diese Familie war einerseits eine sehr geschlossene und prägende Institution, andererseits sehr offen, so dass die Beziehung zwischen »drinnen« und »draußen« sehr unbefangen und ohne Schwierigkeiten möglich war. Das hing sicher auch damit zusammen, dass durch das große Haus und den großen Garten vieles an Beziehungen mit Freunden sich bei uns abspielte, vor allem in unserem Garten, in dem es auch noch ein ehemaliges Stallgebäude gab, das wir benutzen konnten; oder es nahm von da mit den Fahrrädern seinen Ausgangspunkt kam auch wieder dahin zurück. Es waren jedenfalls nicht zwei getrennte Welten, und da meine Eltern bei der großen Kinderzahl auf das Alltagsleben der Kinder im einzelnen praktisch gar keinen Einfluss nahmen und es auch nicht, jedenfalls nicht für uns erkennbar, beobachteten, spielte sich das Leben in diesem von der Familie gegebenen Rahmen in Haus und Garten sehr frei ab, geordnet durch den Zeitrhythmus der Mahlzeiten.

Hier muss ich aber einschränkend noch einmal ins Bewusstsein rufen, dass unser Übergang nach Stettin durch die Absetzung meines Vaters als Landesbischof in Mecklenburg bestimmt war und dass auch wir Kinder uns dessen bewusst waren, dass wir gegen unseren Willen nach Stettin gekommen waren, so dass die Umwelt für uns eigentlich etwas Fremdes, wenn nicht gar Feindliches hatte. Das wurde noch dadurch verstärkt, dass mein Vater unter ständiger Beobachtung durch die Geheime Staatspolizei stand; wenn er predigte, saßen im Gottesdienst regelmäßig Leute von der Gestapo. (Man kannte sie im Laufe der Zeit, zumal sie dadurch auffielen, dass sie keine Gesangbücher bei sich hatten und auch ihnen von anderen Gottesdienstteilnehmern zur Benutzung angebotenen Gesangbücher dankend ablehnten.) Das hat wohl dazu geführt, dass der Gedanke, sich an der Umwelt zu orientieren und sich dadurch sozusagen wegzuorientieren vom Elternhaus, viel schwerer aufkam als das Umgekehrte. Man kehrte eigentlich immer dorthin zurück. Man nahm Fremdes zwar wahr, aber doch eben als etwas Fremdes, mit dem man nichts zu tun hatte und auch eigentlich nichts zu tun haben wollte. Durch die große Freiheit, die wir, bei aller Eingebundenheit, zu Hause hatten, fand da anscheinend ein ganz natürlicher Ausgleich statt. Und die Grenzen, die mein Vater zog – zum Beispiel verlangte er strikt, als wir größer wurden, dass wir abends um 10 Uhr zu Hause sein mussten – fanden wir zwar lästig, und wir wussten, dass es bei anderen nicht so strikt war; aber das waren Dinge, die man hinnahm und an die man nicht viele Gedanken verschwendete.

Die große Familie hatte eine sehr prägende Kraft. Es fehlte ihr eigentlich das Element des Intimen; dazu war sie viel zu groß, und waren die Eltern viel zu fern. Das lag auch an dem Berufsverständnis meines Vaters. Er war den Tag über viel unterwegs zu Gemeindebesuchen, oft auch verreist zu Tagungen und Vorträgen. Sein Arbeitszimmer, »Studierzimmer« genannt, war eine Welt für sich; vor allem während seiner Predigtvorbereitung durfte er nicht gestört werden. Andererseits hatte die Familie aber eine Menge Elemente, die verbindend und prägend wirkten. Das war vor allem die tägliche Hausandacht, zu der sich die Familie im Studierzimmer versammelte. Die Hausandacht hieß bei uns Kindern einfach »das Singen«. Dass da auch andere Dinge vor sich gingen, dass gebetet wurde, Bibeltexte vorgelesen und eine Auslegung aus einem Andachtsbuch, das war alles nicht so wichtig. Entscheidend war für uns das Singen. Darum kann ich heute noch eine Fülle von Chorälen auswendig.

Mit der im Studierzimmer versammelten Familie verbindet sich noch eine andere Erinnerung: Wir nahmen in der Schule im Deutsch-Unterricht Schillers »Glocke« durch und lernten dabei ganze Passagen auswendig. Irgendwie entstand die Idee, dass Klaus und ich die Glocke ganz auswendig lernen und dafür als Belohnung jeder einen Dynamo für sein Fahrrad bekommen sollten – was damals noch alles andere als selbstverständlich war. Ich erinnere mich noch gut an den großen Augenblick, als wir nach dem abendlichen Singen vor der versammelten Hausgemeinde, d.h. den Eltern und den jüngeren Geschwistern, auftraten und abwechselnd die »Glocke« vortrugen. Gelegentlich musste mein Vater, der den Text aufgeschlagen hatte, einhelfen; aber das Ziel galt als erreicht, und wir konnten stolz mit unseren dynamobetriebenen Fahrradlampen durch die Gegend fahren.

Unser Haus war im Grunde ein sehr typisches, ausgeprägt lutherisches Pfarrhaus. Die Hausmusik gehörte ganz selbstverständlich dazu. Mein Vater spielte Geige, sehr gefühlvoll, mit einem schönen warmen Ton. Mein Bruder Klaus spielte technisch bald sehr viel besser als mein Vater, und sie spielten viel zusammen. Meine Künste auf dem Klavier reichten leider nicht aus, um sie adäquat zu begleiten; so wurde oft sonntags die Organistin unserer Gemeinde zum Kaffee eingeladen, und danach gab es dann Hausmusik. Das ist eigentlich für mich der Sonntagnachmittag, dass Musik gemacht und gemeinsam gesungen wird.

Alle spielten selbstverständlich auch irgendein Instrument. Vor allem das Blockflöte spielen gehörte dazu wie Lesen und Schreiben, und dann versuchte sich jeder noch auf dem einen oder anderen Instrument. Mir wurde das Klavier zugewiesen, was nahe lag, nachdem Klaus mit der Geige begonnen hatte und dann für die Hausmusik das Klavier gebraucht wurde. Leider war aber das Klavier offenbar nicht mein Instrument; meine Eltern wechselten mehrfach die Klavierlehrerin bzw. den Klavierlehrer, aber es kam nicht Brauchbares dabei heraus. Ilse als die nächst ältere bekam dann ein Cello; aber sie hat es auch nicht so weit gebracht, bei der Hausmusik mitzuwirken. Schade. Ich hätte gern Cello gespielt, und Helge hat mir zu meinem 35. Geburtstag ein Cello geschenkt; aber da war es zu spät, zumal dann die Hochschulpolitik bald alle verfügbare Zeit in Anspruch nahm.

Aber das Singen war ganz selbstverständlich, es wurde auch mehrstimmig gesungen, und sobald wir Söhne in das Alter kamen, dass wir Tenor und Basspartien mitsingen konnten, reichte es schließlich auch zum vierstimmigen Chor. Auch Kanonsingen war selbstverständlich, oft gab es statt des Tischgebetes oder zusätzlich dazu einen Kanon. Mit Klaus zusammen haben wir, als wir »Männerstimmen« bekommen hatten, auch Schubert-Lieder gesungen. Für den internen Gebrauch reichte auch mein Klavierspiel für die Begleitung. Dabei hatten wir unsere Idole, deren Wiedergaben es auf Platten gab, und denen wir nachzueifern versuchten; vor allem Gerhard Hüsch, der auch einmal zu einem Konzert in Stettin war. Wir versuchten, die Winterreise so zu singen, wie Hüsch sie gesungen hatte. Kürzlich war ich sehr gerührt, als ich eine historische Aufnahme von SchubertLiedern in die Hand bekam und darin die »Winterreise« entdeckte, gesungen von Gerhard Hüsch.

Die Schule

Ich hatte zunächst noch ein Schuljahr in der Grundschule zu absolvieren, und diesmal schickten mich meine Eltern auf die zu unserem Stadtteil gehörige Schule, die wir gut zu Fuß erreichen konnten; wenn ich mich nicht irre, hieß sie Adolf-Hitler-Schule. Unser Klassenlehrer war ein jüngerer Mann, der gelegentlich in SA-Uniform in die Schule kam. Die Uniform stand ihm gut, und überhaupt waren ja Uniformen in der Tradition, aus der wir kamen, etwas Selbstverständliches, sei es nun militärische oder andere. Wir kannten alle Männer der Generation unserer Väter auf Bildern in Uniform. In meiner Erinnerung an diese Schule gibt es aber auch noch das sehr lebhafte Bild eines älteren Lehrers, der höchst anschaulich und eindringlich biblische Geschichten erzählte. Hier lebte also die gute, alte deutsche Schultradition noch weiter.

1935 kam ich dann aufs Gymnasium. Das humanistische König-Wilhelm-Gymnasium war von Braunsfelde aus gut mit dem Fahrrad zu erreichen, wobei die eigentliche Stadt Stettin kaum berührt wurde. Dann kam aber die Schulreform von 1937, bei der die Zahl der humanistischen Gymnasien stark reduziert wurde. Das KWG wurde wie auch andere Gymnasien zur »Oberschule« gemacht, und es blieb in Stettin nur noch ein einziges humanistisches Gymnasium übrig: das Marienstifts-Gymnasium im Zentrum der Stadt, nahe der Hakenterrasse. Nach reiflichen Überlegungen, in die meine Eltern auch meinen Bruder Klaus und mich mit einbezogen – aber was konnten wir denn schon dazu beitragen? –, wurden wir auf das Marienstift umgeschult. Das war nun wirklich ein gutes, »altes« humanistisches Gymnasium. Die meisten Lehrer waren noch Kriegsteilnehmer des (Ersten) Weltkriegs, und sie lebten in der deutschen humanistischen Tradition. Es gab nur wenige Lehrer, die ein Parteiabzeichen trugen, darunter war übrigens einer, der nach einer Verwundung im Ersten Weltkrieg eine Beinprothese trug, also auch zu dieser alten Generation gehörte.

Seit dieser Gymnasialzeit habe ich ein sehr positives, fast möchte ich sagen »enges« Verhältnis zu den alten Sprachen, zum Griechischen noch mehr als zum Lateinischen. Aber auch der Deutschunterricht hat nachhaltige Eindrücke hinterlassen. Hier war es vor allem unser langjähriger Klassenlehrer Kurt (»Benno«) Böning, dem wir sehr viel zu verdanken haben. Die Literatur, allen voran Friedrich Schiller, haben wir mit ihm wirklich »erlebt«. Als besonders eindrückliches Beispiel ist mir in Erinnerung, wie wir im Sommer in den benachbarten Eckerberger Wald zogen und dort am Quistorp-Turm »Wilhelm Tell« mit verteilten Rollen lasen. Das hatte dann zur Folge, dass wir auch im privaten Kreis in der Wohnung der Familie Eggert »Don Carlos« mit verteilten Rollen lasen.

Unvergessen ist auch unser Geschichtslehrer Schwerdtfeger. Mir ist unauslöschlich in Erinnerung, wie er uns die Verschiebungen im offiziellen nationalsozialistischen Geschichtsbild vor Augen führte. Wir behandelten »Karl den Großen« nach dem damals gültigen Geschichtsbild in unserem Lehrbuch. Dann zog Schwerdtfeger die vorige Ausgabe des Lehrbuchs hervor und las uns den Abschnitt über »Karl den Sachsenschlächter« vor, der dem bis 1935 gültigen Geschichtsbild entsprach. Ohne Kommentar schlug er das Buch zu; aber er hatte genug dazu gesagt, so dass wir jedenfalls ansatzweise verstanden, was er uns bewusst machen wollte. Noch ein kleines Ereignis ist von Schwerdtfeger in Erinnerung geblieben. Körperliche Züchtigungen spielten in unserer Schule keine große Rolle, aber es gab sie noch. Schwerdtfeger war für seine seltenen, aber gezielten Ohrfeigen bekannt. Einmal stand ein Schüler neben der Schulbank in Erwartung einer solchen. Doch Schwerdtfeger wandte sich ab, so dass der Schuldige schon hoffte, so davon zu kommen. Aber dann drehte Schwerdtfeger sich wieder um und sagte: »Ich hab's mir überlegt, ich will Dir doch eine kleben« (er sagte »kläben«), und ließ seine Hand sausen. Das hat uns imponiert als Beispiel einer nicht im Zorn, sondern nach kühler Überlegung vollzogenen Strafe. Übrigens wurde Schwerdtfeger nach dem Eklat durch die Verhaftung der beiden »Kläuse« strafversetzt, wie es uns erschien, an eine andere Schule.

Die politischen Spannungen ließen unsere Schulzeit natürlich nicht unberührt. Im Klassenleben gab es für uns zwei gleichsam entgegengesetzte Pole. Einerseits saß ganz hinten in der Klasse eine Art Aufpasser. Er war ein großer Kerl, nicht sonderlich intelligent, aber ganz linientreu nationalsozialistisch und, wie wir vermuteten, als Aufpasser und Denunziant eingesetzt. Gelegentlich gab es mit ihm kritische Diskussionen, z.B. über den Film »Ich klage an«. Im übrigen wussten wir, dass es gut war, in der Klasse nichts zu sagen, was politisch inopportun sein könnte. Andererseits gab es einen kleinen Kreis von Freunden, die nicht ganz angepasst waren und dadurch gleichsam am anderen Ende der Skala standen (ohne dass wir das untereinander ausdrücklich ausgesprochen hätten). Dazu gehörte Ludwig, einer der ganz wenigen Katholiken in unserer Klasse; Jürgen, ein »Vierteljude« der aber »wehrwürdig« war und später in englische Gefangenschaft geriet; Siegfried, aus einer oppositionell-intellektuellen Familie stammend, der schon morgens in der Straßenbahn Streit provozierte, indem er die Mitfahrer mit »Guten Morgen!« statt mit »Heil Hitler!« begrüßte, und der auch die Diskussion über »Ich klage an« inszeniert hatte; meine eigene familiäre Biographie war natürlich bekannt, jedenfalls bei denen, die sich dafür interessierten.

Eine Szene wirft ein kurzes Schlaglicht auf die Situation: Ein Lehrer praktizierte den Brauch, dass morgens vor der ersten Stunde ein Schüler einen Spruch aufsagen musste – eine Art Ersatz für das morgendliche Gebet. Es waren z.T. belanglose Sprüche, die dort gesagt wurden, manchmal auch Dichterworte, allerdings nach meiner Erinnerung kaum Nazi-Parolen. Einmal aber trat mein Freund Jürgen Eggert vor und sagte: »Man muss Gott mehr gehorchen als den Menschen.« Der Lehrer reagierte prompt: »Aber nicht dem Judengott!« Doch dabei blieb es.

Jungenwacht

Die Kirche gehörte zu unserem unmittelbaren Lebensbereich. Die Gemeinde hatte für meinen Vater mit seiner großen Familie ein Haus mit einem großen Garten unmittelbar neben dem eigentlichen Pfarrhaus kaufen können. (Womöglich war das für die Entscheidung meines Vaters für die Wartburg-Gemeinde mitbestimmend.) So lebten wir praktisch im »Pfarrhaus«. Das bedeutete für uns Jungen auch die Teilnahme an entsprechenden Jugendkreisen. In der kirchlichen Jugendarbeit wurden damals bestimmte Elemente der Tradition der bündischen Jugend aus der Zeit vor dem Nationalsozialismus weitergeführt. Dort gab es neben den Jugendgruppen und Bünden verschiedenster Art, politischen und weltanschaulichen, Naturfreunde usw., auch religiöse Gruppierungen, besonders ausgeprägt etwa im »BK«, den Schüler-Bibelkreisen. Deren Tradition wurde jetzt in der »Jungenwacht« weitergeführt.

Dies war aber nur die eine Seite. Sehr viel stärker wirkte, aufs Ganze gesehen, die Tatsache, dass in der HJ, der »Hitlerjugend«, viel von dieser bündischen Tradition aufgenommen wurde. Bestimmte äußere Merkmale haben sich ja bis heute durchgehalten, z.B. in der Kleidung, der »Kluft« von Pfadfindern aller Art mit ihren Hemden und Halstüchern, d.h. mit »Uniformen«. Das Marschieren in einer Gruppe, mit Landsknechtstrommeln und mit Singen, stammte ja aus der bündischen Bewegung. Hier hatten die Nazis einen ganzen, schon vorhandenen Strom von Verhaltensweisen und Gruppenerfahrungen und Wir-Gefühl aufgenommen und in einen Kanal gelenkt. Sie haben zunächst sogar solche bündischen Jugendgruppen geschlossen in die HJ oder ins »Jungvolk«, die Unterorganisation für die Zehn- bis Vierzehnjährigen, überführt, haben ihnen sogar ihre Namen und ihre Fahnen gelassen. In der ersten Zeit an die ich mich erinnere, in Stettin im Jungvolk, hatte jedes »Fähnlein« – das sind Hundertschaften – seinen eigenen Namen und seine eigene Fahne. Und das waren z.T. die alten bündischen Fahnen, oft mit einer Landsknechtstradition, z.b. Georg von Frundsberg usw., farbenprächtige, bunte Fahnen mit Symbolen aus den Bauernkriegen.

Gerade in dieser Altersgruppe wurde so viel an schon vorhandener emotionaler Bereitschaft zum Mitmachen aufgenommen, dass über die politischen Voraussetzungen nicht allzu viel reflektiert wurde. Das Ganze hatte auch viel mit Abenteuer, mit Zeltlagerromantik und mit sportlichen Elementen zu tun. Das wahre Gesicht des Nationalsozialismus trat hier kaum in Erscheinung. Und zudem war ja die Mitgliedschaft in der HJ nicht freiwillig. Es gibt zwar immer wieder einige, die in ihrer Biographie berichten, dass sie sich dem entzogen hätten. Ich muss dazu sagen, dass es in meinem Bekanntenkreis niemanden gab, der das von sich hätte sagen können; bis auf einen Klassenkameraden, der Asthmatiker war und deshalb mit ärztlichem Attest freigestellt. Aber dass Leute aus ideologischen Gründen nicht zur HJ wollten und sich dem deshalb hätten entziehen können, ist mir aus meinem Bekanntenkreis nicht in Erinnerung.

Im übrigen waren es zum Teil die gleichen Traditionen, die in der evangelischen Jugend weitergepflegt wurden. Ich besitze noch eine Liedersammlung, die für uns damals eine wichtige Rolle gespielt hat. Es muss wohl eine eigene Herstellung für die »Jungenwacht-Kreise« gewesen sein. Die Sammlung ist graphisch sehr kunstvoll gestaltet; die Texte sind mit der Hand in schöner »gotischer« Frakturschrift geschrieben und dann gedruckt. Auf der ersten Seite steht: »Lieder evangelischer Jungen«, und daneben als Symbol – ein Schwert! Ich war überrascht, ja erschrocken, als ich diese Sammlung kürzlich wieder in die Hand nahm, in welchem Umfang sich auch hier Lieder mit einer kämpferischen, ja kriegerischen Mentalität finden. Ich kenne viele dieser Lieder noch heute auswendig, was ja voraussetzt, dass wir sie häufiger gesungen haben.

Es ist im Grunde eine sehr bunte Sammlung. Sie enthält rein »geistliche« Lieder, z.B. das aus der reformatorischen Zeit stammende Lied »Christe, du bist der helle Tag«, oder das noch ältere »Uns ist geboren ein Kindelein«. Bei andern Liedern aus der kirchlichen Tradition ist ein kämpferischer Ton nicht zu überhören, so in »Herr, nun selbst den Wagen halt« von Huldreich Zwingli, oder »Kommt her, des Königs Aufgebot« mit der Melodie von Heinrich Schütz, bis hin zu dem zeitgenössischen »Hie Wort des Herrn und Christenschwert« von Heinrich Vogel. Diese Lieder fügen sich ein in eine Reihe mit »Georg von Frundsberg von großer Stärk« und »Sachs, halte Wacht!« Daneben gibt es reine Soldatenlieder: »Die Trommel dräut, die Trommel dröhnt«, »Frisch auf, Soldatenblut!«, »Soldaten in den Schlachten, die kennen keine Gnad'«, und »Es fuhr ein Zug Soldaten nach Frankreich über den Rhein« von Will Vesper; außerdem Seefahrtslieder: »Hei, wie der Wind die Segel bläht«, »Leinen los, wir fahren ab!«

Was die Sammlung für uns besonders wichtig machte, waren die Lieder, in denen das Bewusstsein zum Ausdruck kommt, den Kampf einer Minderheit zu führen. Das gilt schon für Ulrich von Huttens Lied »Ich hab's gewagt mit Sinnen und trag des noch kein Reu«. In dem Lied »Auf Kameraden, tapfer geschlagen«, heißt der Kehrreim: »Wir sind des größten Königs Heer trotz Schmach und Schand und Not. Wenn auch der Kampf unendlich schwer, getreu bis in den Tod.« In einem anderen Lied: »Wir sind verschworen unserm Gott und seinem Sohne Christ; aus seinem Wort die Front erstand, die treu und dauernd ist.« Seinen unmittelbarsten Ausdruck fand dies alles in dem Lied von »unserem« Karl-Heinz Meyer, das ich ganz hierher setze:

Wir sind ein kleines, trutzig Heer,
die Letzten von den Allerletzten.
Uns lockt kein heller Hornruf mehr,
kein dumpfes Trommeln den Gehetzten.

Wir ziehen stumm durchs weite Land
und suchen, werben will'ge Hände,
der Kampf, der einmal war entbrannt,
er ist noch lange nicht zu Ende.
Drum schlagen zäh wir uns voran,
und lauter ruft das heiße Werben,
wir ringen hart um jeden Mann,
dass er die Krone mög' erwerben.

Wir sind ein kleines trutzig Heer,
verloren, wie die Menschen sagen,
und dennoch zieh'n wir hin und her
für den, der an das Kreuz geschlagen.

Hier zeigt sich so etwas wie eine christliche Untergrundmentalität. Die Ausdrucksweise lässt aber erkennen, dass man in diesem ganzen Kontext eigentlich nicht an aktiven Widerstand dachte, sondern eher ans Überleben, vielleicht irgendwo im Untergrund.

Aber ich muss jetzt noch einmal zu den Anfängen der »Jungenwacht« zurücklenken. Unsere mehr oder weniger selbstverständliche Mitgliedschaft in der HJ war ein Teilaspekt des Problems unseres Verhältnisses zur nationalen deutschen Tradition mit ihren verschiedenen Spielarten. Für meinen Vater war die Verbindung von lutherischer Tradition und soldatischen Tugenden etwas ganz Selbstverständliches. Er war selbst im Ersten Weltkrieg Reserveoffizier bei der Marineartillerie und trug nicht ohne Stolz sein EK 1. Er hat sogar einmal ein kleines Buch geschrieben mit dem Titel »Soldatentum und Gottesglaube«. Darin heißt es auf der ersten Seite: »Wo in den letzten Jahrhunderten das Soldatentum feierlich von sich selbst Zeugnis gegeben hat, da hat es sich zum christlichen Gottesglauben bekannt.« Und dann folgen viele Zitate, vom »Reglement vor die preußische Infanterie« von 1762 über Ernst Moritz Arndt bis zu Hindenburg. Dies führt dann fast zwangsläufig zu einer Stellungnahme zum »Ernstfall«, zum Krieg: »Pazifistische Verächtlichmachung und Schändung des Krieges ist uns ebenso verwehrt wie bedenkenlose Verherrlichung. Ein Ächtenwollen, ein Abschaffenwollen ist unmöglich, ist sinnlos, ist wider die Wirklichkeit. Der Krieg ist einfach da in der Geschichte der Völker.« Mein Vater hat dieses Buch übrigens 1937 geschrieben, als er schon längst von dem damaligen Regime aus seinem Bischofsamt gejagt worden war. Das hatte offenbar seine nationale Gesinnung nicht beeinträchtigt. Dass aber der nächste, nach seiner Sicht unvermeidlich bevorstehende Krieg im Namen dieses Regimes geführt werden würde, wird in dem Buch nirgends erwähnt. Es ist alles wie zu Zeiten Martin Luthers, von dem das letzte Zitat stammt. Danach folgen noch »Worte der Heiligen Schrift für den Soldaten.« Im Rückblick ist mir diese Verbindung der fraglosen Identifikation mit Volk und Nation auf der einen Seite mit dem Bewusstsein, in der Bekennenden Kirche fast in einer Verfolgungssituation zu leben, auf der anderen Seite nur schwer nachvollziehbar. Mein Vater hatte buchstäblich immer einen kleinen gepackten Koffer bereitstehen für ein paar Tage Polizeigefängnis, wenn er mal verhaftet wurde. Und das geschah auch manchmal, und sie kamen immer morgens ganz früh, um 4 Uhr oder so. Das Wissen um diesen Koffer gehörte zu unserem Leben dazu.

Die Ambivalenz unserer Situation in jener Zeit könnte man an dem Namen *Martin Niemöller* festmachen. Er war für uns eine Orientierungsfigur, bekannt geworden durch sein Buch »Vom UBoot zur Kanzel« (1934). Er war im Ersten Weltkrieg UBootKommandant, wurde dann Pfarrer und wurde schließlich als führender Kopf der »Bekennenden Kirche« von den Nazis ins Konzentrationslager gesteckt. Das war auch uns Heranwachsenden bekannt. Im Zusammenhang mit Martin Niemöller ist mir überhaupt bewusst geworden, dass es Konzentrationslager gab. Die Bekennende Kirche war nicht eigentlich eine Kirche im aktiven Widerstand; den gab es aus diesen Kreisen heraus nur vereinzelt wie etwa bei Dietrich Bonhoeffer. Gleichwohl war aber der kirchliche Widerstand, der in der Bekennenden Kirche seinen Ausdruck fand, breit und tief fundiert. Es gab eigene Ausbildungsstätten und Ausbildungsgänge für Pfarrer der Bekennenden Kirche, mit eigenen Ordinationen. Im Grunde war die evangelische Kirche damals eine gespaltene Kirche. Es gab die offizielle Kirche, die von den »Deutschen Christen« repräsentiert wurde, und eine Art Nebenkirche mit den Gemeinden der Bekennenden Kirche. Das war das Milieu, in dem wir lebten. Und das war auch der Hauptpunkt des Widerspruchs: der Versuch der nationalsozialistischen Ideologie, das Christentum zurückzudrängen oder es in seinen Dienst zu nehmen, und demgegenüber die Forderung, frei nach dem christlichen Glauben zu leben, oder, was damals ein sehr wichtiges Wort war, den Glauben zu »bekennen«.

Mein Vater hätte sich an aktivem Widerstand wohl nicht beteiligt. Er hat immer gesagt: Wenn ich ins KZ komme, dann nicht, weil ich politischen Widerstand geleistet hätte, sondern wegen dessen, was ich gepredigt habe. Mein Vater ist auch mehrmals verhaftet worden, aber er hätte sich sicherlich nie bis über eine gewisse Grenze hinaus verbieten lassen, bestimmte Dinge auf der Kanzel zu sagen. So war es bei uns auch verpönt, ausländische Sender zu hören. Selbst das Erzählen politischer Witze war bei uns zu Hause tabuisiert; ich kannte natürlich welche aus dem Freundeskreis, aber zu Hause gab es die nicht.

Dies war also das Umfeld, in dem wir in der kirchlich bestimmten Jugendarbeit ein Stück weit unser Eigenleben führten. Als Fortsetzung des inzwischen verbotenen BK hatte sich die »Jungenwacht« gebildet, in weniger streng organisierter Form und mit stärkerer Bindung an die Kirchen. Wir verstanden sie durchaus im Kontrast, aber nicht unbedingt im Gegensatz zu dem, was wir alle in der HJ bzw. dem Jungvolk mitmachten. Wir hatten unsere eigenen regelmäßigen Zusammenkünfte mit Morgenandachten (»Morgenwachen«), Bibelarbeit, Singen usw., auch noch mit gelegentlichen Fahrten und Zeltlagern. Für unseren Kreis in der Wartburg-Gemeinde spielten zudem die Laienspiele eine ganz besondere Rolle. Der Herausgeber der Zeitschrift »Jungenwacht«, Karl-Heinz Meyer (genannt Karl Mey), schrieb Lieder und Gedichte, die unser Denken damals stark mitgeprägt haben, und auch Laienspiele mit biblischen Themen. Die haben wir mit großem Engagement einstudiert und aufgeführt, wobei ein sehr musikalischer Freund von Karl-Heinz Meyer, Willi Voigt, der auch selbst komponierte, uns anleitete. Es waren reine Sprechspiele, mit Einzelsprechern, Sprechchören und Choralsingen. Sie lebten von der Dramaturgie dieser verschiedenen Elemente.

Es waren vor allem drei Spiele, die uns durch die Jahre hindurch begleitet haben: »Jona«, »Die drei Männer im Feuerofen« und »Der verlorene Sohn«. Jedes von ihnen hatte seinen eigenen Charakter und hatte für uns seine eigene Geschichte. Mit »Jona« fing es an und brachte uns die nötige Erfahrung im Umgang mit dem Laienspiel. »Die drei Männer im Feuerofen« war ein ausgesprochen politisches Stück. Unvergesslich ist mir die Szene, in der der König Nebukadnezar den drei jüdischen Männern den Feuerofen androht, wenn sie nicht seine Götter verehren. Darauf antworten sie:

> Siehe, unser Gott,
> den wir als allerhöchsten Herren ehren,
> kann wohl uns aus dem glühendheißen Ofen,
> dazu auch noch aus deiner Hand erretten.
> Und wenn uns unser Gott nicht retten wollte,
> so sollst du dennoch wissen, hoher König,
> dass wir drei deine Götter nimmer ehren,
> dein goldnes Bild, das du hast setzen lassen,
> nicht anbeten.

Und Nebukadnezar schreit:

> Genug, ihr Elenden,
> es sei, ihr sollt im Feuerofen brennen!

Das war auch für uns jedes Mal ein dramatischer Moment. Im Grunde muss man sich wundern, dass man uns damit so lange hat gewähren lassen, denn die Opposition gegen die »Obrigkeit« war hier ja mit Händen zu greifen. Allerdings hat es dann doch einen politischen Konflikt gegeben. Wir waren mit diesem Spiel zu einer Fahrt in eine Reihe von Gemeinden außerhalb Pommerns, in Sachsen, aufgebrochen. Nach wenigen Tagen wurden wir in Leipzig von Gestapo-Beamten an der

Weiterfahrt gehindert und zur Rückfahrt gezwungen. Ich weiß nichts mehr über die Einzelheiten und über irgendwelche Konsequenzen, z.B. auch für den Vikar Wolfgang Schmidt, der die Reise leitete. Jedenfalls war hier der Konflikt offen ausgebrochen.

»Der verlorene Sohn« war wieder ein ganz anderes Stück. Dabei steht der jüngere Sohn ganz im Mittelpunkt, auch dramaturgisch: Nach seinem Entschluss »Ich will mich aufmachen und zu meinem Vater gehen und zu ihm sagen: Vater, ich habe gesündigt gegen den Himmel und vor dir und bin hinfort nicht mehr wert, dass ich dein Sohn heiße« folgt eine lange, dramatische Klage, bei der laut Regieanweisung der Sohn von hinten durch den Mittelgang der Kirche etappenweise nach vorn schreitet, dem stumm wartenden Vater entgegen. Es ist wiederum unvergesslich, wie Klaus diese Rolle des jüngeren Sohnes gespielt hat. Auch während seiner KZ-Haft habe ich diese Szene immer in Erinnerung gehabt.

Klaus

Ich habe mich in diesem Kontext immer an den Älteren orientiert, d.h. an Klaus und seinen Freunden. Diese Gruppe hat mein Leben in diesen Jahren sehr geprägt, außer Klaus vor allem Reinhard (»Heia«) und Silvio. Sie waren alle 2–3 Jahre älter als ich, aber sie nahmen mich oft mit zu ihren Unternehmungen. Ich war der Jüngste, und man nannte mich »Knirps«, obwohl ich gar nicht so klein war. Ich habe manchmal das Gefühl gehabt, und später hat es auch der eine oder andere mal gesagt, dass sie mich auch deshalb gern mitnahmen, weil ich so fröhlich und unbefangen war, während die anderen damals schon sehr viel mehr unter ihrer eigenen persönlichen Entwicklung litten, vor allem aber viel stärker die Spannungen zwischen Nationalsozialismus und Christentum erlebten. Das war eigentlich der Hauptkonflikt, und das war wohl auch sehr viel mehr Gegenstand ihrer Gespräche und Diskussionen, als mir bewusst geworden ist.

Es gab aber durchaus auch fröhliche Unternehmungen. Eine von ihnen hat sogar einen »literarischen« Niederschlag gefunden. Wir haben einmal auf einem Ausflug einen kleinen Bach namens »Beeke« überquert. Er war etwas zu breit zum einfachen Hinüberspringen, so dass wir uns Äste zur Stütze suchten, um uns hinüber zu »schwingen«. Klaus hat diesen Übergang in einem langen Hexametergedicht, nach homerischem Vorbild, ausführlich beschrieben. Es heißt: »Beekiade. Eine seltsame Sage.«[2] Es beginnt so:

> Jetzo vernehmt, ihr Männer, die Mär, die ich euch verkünde
> von dem Kampfe der Helden, die zwangen die reißende Beeke.
> Mannhaft zogen sie aus, und siegreich kehrten sie heimwärts ...

Dann werden die Teilnehmer aufgezählt und »homerisch« charakterisiert, gewaltige Schlachten werden geschildert, bis es schließlich heißt:

> Endlich sie kamen ans Ende der Welt, wo eherne Zäune
> Grenzen ziehen der Kühnheit der Menschen und ihrer Stärke.
> Hier nun irrten sie jammernd umher, bis endlich sie fanden,
> wo sich jenseits der endlosen Fluten das Ufer erzeiget.
> Da standen sie still, und sprachen gewaltige Rede.

Dann beginnt der Übergang:

> Und sie griffen zur Tat, die siegreiche Heimfahrt zu wagen.
> Riesiger Bäume geborstene Schäfte stürzten sie abwärts,
> und der Fischer Gerät, den Übergang zu erreichen.

Nach dramatischen Schilderungen der einzelnen Überquerungen bleibt am Schluss »Wilhelm, der Spielmann« (wahrscheinlich Willi Voigt) übrig, »weinend, ohne Genossen [...] sein Lied, es mied die schluchzende Kehle.« Schließlich schafft auch er den Übergang, allerdings nur mit nassen Beinen, so dass es am Schluss heißt:

> Freudig zogen sie heim, der Reden gewaltige wechselnd;
> doch am Ende, da ging, ein feuchter Anblick, Wilhelmus.

Diese Seite gehört zum Erinnerungsbild von Klaus dazu.

Wir haben auch noch Fahrten unternommen, sozusagen am Rande der Legalität; denn man ging nur mit der HJ »auf Fahrt«, alles andere war eigentlich illegal. Dabei sind wir einmal verhaftet worden. Wir hatten uns mit einer Gruppe von Freunden verabredet und wollten irgendwo aufs Land, vermutlich in das Pfarrhaus eines befreundeten Pastors zu einem Wochenende oder einer Woche in den Ferien. Wir versammelten uns an der Straßenbahnhaltestelle, und unglücklicherweise fuhr ein HJFunktionär vorbei; der sah die Gruppe in ihrer Fahrtenausrüstung, kannte wohl auch einige von uns, und hielt an, packte

---

2   Ich besitze einen gedruckten Text dieses Gedichts, zwei Blätter, herausgerissen aus einer Publikation, von der ich sonst nichts weiß.

uns in sein Auto und nahm uns mit. Das bedeutete natürlich nicht nur das Ende dieser Fahrt, sondern viel mehr. Wir hatten uns ja alle irgendwie in der HJ arrangiert, und es blieb auch nicht aus, dass man eine kleinere Führerstellung hatte. Nun wurden wir aber degradiert.

Ich suchte meine Zuflucht in einer Musikeinheit. Das war eine der Nischen in der HJ, in die man sich, wenn man Glück hatte, zurückziehen konnte. Klaus hat sich wesentliche Zeit dort Geige spielend und Chor leitend aufgehalten. Ich lernte jetzt die Basstuba blasen; das war technisch nicht allzu aufwendig und relativ rasch erlernbar. Später ging ich dann zeitweise auch auf das Tenorhorn über. Dies geschah vor allem im Rahmen einer unvergesslichen Fahrt zur »Wehrbetreuung«, 1941 oder 1942, irgendwo nach Westen, wo deutsche Soldaten in Wartestellungen lagen. Wir haben dabei Musik gemacht – wir hatten ein Streichquartett dabei –, Laienspiele von Hans Sachs aufgeführt und Volkstänze gemacht, bei denen ich in der Begleitmusik das Tenorhorn blies. Der Vollständigkeit halber muss ich noch hinzufügen, dass ich auch zeitweilig – ich weiß nicht mehr genau wann – in der ReiterHJ war, die für uns auch als eine solche Nische fungierte. Es war immer ein wenig ein Spiel am Rande der Legalität, das damals ein Stück weit unser Bewusstsein prägte.

Inzwischen war Krieg. Der Beginn des Krieges wurde von uns nicht als hereinbrechende Katastrophe erfahren. Wir hatten ja gelernt, dass Kriege unvermeidlich sind, dass sie ein fast selbstverständliches Element menschlicher Erfahrung darstellen. Die ganze Generation unserer Eltern kannte den Krieg, alle erwachsenen Männer waren im Krieg gewesen, alle erwachsenen Frauen hatten ihn miterlebt. Man lernte in der Schule die Geschichte vor allem als Geschichte von Kriegen. In der Aula unserer Schule stand in großen Lettern an der Wand: *Dulce et decorum est pro patria mori* (»Schön und lieblich ist es, fürs Vaterland zu sterben«). Die fast unreflektierte Selbstverständlichkeit, vom Krieg zu reden, gehört auch zu unserem Familienleben. Wenn wir in den Sommerferien mit der Familie Ausflüge machten und wanderten, dann wurde unterwegs gesungen. Und unter den Liedern, die sich zum Singen beim Wandern eigneten, kam dann z.B. auch vor: »Der Gott, der Eisen wachsen ließ, der wollte keine Knechte; drum gab er Säbel, Schwert und Spieß dem Mann in seine Rechte«.

So hatten wir Kinder ein eher emotionales und erwartungsvolles Verhältnis zum Krieg. Und als der Krieg dann begann, hatte das für uns Kinder auch etwas Spannendes und Aufregendes. Ich war damals 14

Jahre alt. Der Polenfeldzug war ganz schnell vorbei, und Stettin war, von Polen aus gesehen, die erste Großstadt, in die dann die Truppen zurückkehrten. Ich erinnere mich gut an die triumphale Rückkehr der Militäreinheiten. Wir hatten ein großes Kasernengelände am Stadtrand, das unmittelbar an den Bereich der Gemeinde meines Vaters angrenzte. Dorthin zogen die Militärkolonnen in ihren Fahrzeugen auf der großen Hauptstraße, die ein paar hundert Meter von unserem Haus entfernt verlief. Da standen wir natürlich am Straßenrand und erlebten diese Rückkehr mit.

In der Erinnerung daran kommt sehr deutlich die Doppelgesichtigkeit zum Bewusstsein, die die Dinge für uns damals hatten. Auf der einen Seite konnten wir uns durchaus mit den deutschen nationalen Traditionen identifizieren, den Krieg mit eingeschlossen. So war es jedenfalls für mich, als ich 1942 freiwillig zur Kriegsmarine ging. Das hing sicher damit zusammen, dass wir von zu Hause her, aus den Erfahrungen meines Vaters, in dieser nationalen Tradition aufgewachsen waren. So konnten wir uns in der deutschen Wehrmacht durchaus mit dem identifizieren, was dort von uns verlangt wurde, nämlich das Vaterland zu verteidigen. Und wir konnten uns dabei einreden, dass wir das ja nicht für die Nationalsozialisten oder gar für Hitler, sondern für Deutschland täten. Andererseits standen wir in einem Kontext, in dem der Nationalsozialismus als Perversion, als Verkehrung der wirklichen nationalen Werte angesehen wurde. Daraus konnte dann auch, wenn man es zu Ende dachte, der Widerstand erwachsen. Die Träger des Widerstandes waren ja keine »Demokraten«, sondern sie kämpften für die Wiederherstellung der unverfälschten deutschen, nationalen Traditionen.

Es gab also damals viele Möglichkeiten, in diesem ganzen Zusammenhang mit zu leben, ohne sich wirklich im vollen Widerspruch gegen das Bestehende oder gar im Widerstand zu fühlen. Übrigens war eine solche Gesinnung in der Marine durchaus spürbar. So sprach man gern von der »Kaiserlichen Marine«; und gelegentlich stellte man dem das »Königlich-Preußische Heer« und die »Nationalsozialistische Luftwaffe« gegenüber. Ich erinnere mich auch sehr deutlich an ein Detail: Als wir zum Dienstantritt als freiwillige Offizieranwärter einrückten, erschien einer von uns, der auf einer NAPOLA (Nationalpolitischen Erziehungsanstalt) gewesen war, in HJ-Uniform, während wir anderen alle in »Zivil« waren. Daraufhin bekam er den Spitznamen »Nazi«, den er auch mit einer gewissen Gelassenheit ertrug.

In meiner Darstellung überschneiden sich jetzt die Dinge. Denn Anfang 1942 war der politische Konflikt in aller Schärfe in unsere Familie eingebrochen. Im Marienstifts-Gymnasium, dem letzten in Stettin übrig gebliebenen humanistischen Gymnasium, sammelten sich viele Pastorensöhne und andere Nichtangepasste, so dass hier die Mentalität einer Art passiven Widerstandes sehr konzentriert auftrat. Das wurde auch zumindest indirekt dadurch unterstützt, dass die Mehrzahl der Lehrer, bis hin zum Direktor, in der alten humanistischen Tradition standen; einige ältere unter ihnen waren wegen des kriegsbedingten Lehrermangels aus dem Ruhestand zurückgeholt worden. Darum war diese Schule den Nazis ein Dorn im Auge, und sie haben Mittel und Wege gesucht, dagegen vorzugehen. Anfang des Jahres 1942 haben sie dann eine Denunziation über einen Vorfall in der damaligen Oberprima, wo mit einem HimmlerBild irgendwelcher Unfug getrieben worden war, zum Vorwand genommen, die ganze Klasse morgens in der ersten Unterrichtsstunde durch Beamte der Geheimen Staatspolizei abzuholen, sie auf die Dienststelle der Gestapo zu bringen und dort zu verhören. Sie wollten herausfinden, was sie im Grunde vorher schon wussten, wer die »Rädelsführer« waren. Sie haben dann meinen Bruder Klaus und einen anderen Pastorensohn, Klaus Reichmuth, da behalten, während die anderen im Lauf des Tages entlassen wurden. Mein Bruder und Klaus Reichmuth verschwanden erst im Polizeigefängnis, dann in einem Arbeitslager und schließlich im Konzentrationslager Sachsenhausen bei Oranienburg. Insgesamt sind sie neun Monate in Haft gehalten worden.

Diese Ereignisse nahm man im übrigen zum Anlass, die Schule praktisch aufzulösen. Das war damals sehr einfach, denn es war schon im Krieg, 1942, wo ohnehin in den Großstädten die Schüler vielfach in die so genannte »Kinderlandverschickung« gebracht wurden. Ganze Schulklassen wurden evakuiert, und mit einem Schlage, wenige Monate nach diesen Zwischenfällen, war die Schule praktisch aufgelöst. Sie war irgendwohin, in verschiedene Teile zerstreut, teils auf die Insel Rügen, teils anderswo hin. Und der Direktor wurde abgesetzt. So hatte man also die Vorfälle in dieser Klasse als Vorwand für eine Zerschlagung des letzten humanistischen Gymnasiums in Stettin benutzt.

Klaus selbst hat über diese Monate der Haft wenig gesprochen. Es gibt eine kleine Anzahl von Briefen, die unsere Mutter gesammelt und mit eigenen Erfahrungen ergänzt hat. Zwei Aussagen von Gestapo-Beamten sind aufschlussreich. Zum einen: »Wenn wir die Jungen festhalten, dann wollen wir ja vor allem die Väter treffen.« Das war uns zwar bewusst, aber es war doch bemerkenswert, mit welchem Zynismus es ausgesprochen wurde. Und zum andern: »Wenn es nach mir ginge, kommt Ihr Sohn nie wieder in Freiheit. Solche Jungen wirken immer gemeinschaftsbildend.« Auch dies war uns bewusst. Besonders eindeutig wurde dann in der Begründung des Urteils auf Konzentrationslagerhaft ausgesprochen, worum es ging: »Weil sie in ihrer Klasse die Anschauungen des Christentums für wahr erklärten und mit dieser Ansicht ihre Klasse beeinflussten.«

Im Januar 1942 hat Klaus im Polizeigefängnis in Stettin einen Kanon gedichtet und komponiert, der später immer wieder gesungen und weitergegeben wurde. Er trägt den Titel »Alter Kreuzfahrerspruch«:

Und ob das Herz auch klagt,
ausharr ich unverzagt.
Wer Gottes Fahrt gewagt,
trägt still sein Kreuz.

Seine Mutter schreibt dazu: »Er konnte die Harmonien nur in den Noten sehen, so lebte der dem Leben Entrissene in seiner Einsamkeit.« In seinem ersten Brief aus dem »Arbeitserziehungslager« in Stettin-Pölitz schreibt er: »Das aber möchte ich euch schreiben, wie mir unser Lied ›Wo er, der Herr, mich hingestellt‹ wert geworden ist. Unserer eigenen Schwäche Stand zu halten, ist oft das Schwerste. Aber ich werde nicht weichen!« Das ist auch eins von den Liedern von Karl-Heinz Meyer in unserer Sammlung; der zuletzt zitierte Satz ist die Schlusszeile des ersten Verses.

Über die KZ-Zeit hat er nie gesprochen. Für uns ist aber ein Detail von großer Bedeutung: Ein aus dem Lager Entlassener hatte den Eltern sagen lassen, sie sollten versuchen, Klaus seine Geige zu schicken. Es gelang tatsächlich, die Geige kam an. Sie ging dann von Hand zu Hand. Meine Mutter schreibt auf Grund von Klaus' Erzählungen: »Ein kleines, altes Männchen bat, spielen zu dürfen. Man lächelte mitleidig; lass den Alten auch mal ein bisschen kratzen. Er nahm das Instrument langsam, andächtig in seine verarbeiteten und zerrissenen Hände. Und er spielte und spielte, sie lauschten und lauschten. Die bleichen Gesichter röteten sich, die stumpfen, gebrochenen Augen bekamen Glanz. Als die Geige schwieg, blieben sie alle ganz still. In tiefen Traum versunken stand der Alte. Sie spürten es alle: der hat auf manchem Podium gestanden. – Es war die größte Freude im Leben von Klaus, dass er seine Geige den Leidensgenossen zurücklassen konnte, als er entlassen wurde.«

Es erscheint mir wieder als charakteristisch für die Zwiespältigkeit, in der wir damals gelebt haben, dass ich auf Grund meiner freiwilligen Meldung zur Marine eingezogen wurde, während Klaus im Konzentrationslager saß. So habe ich seine Rückkehr als Soldat, als Marinesoldat, erlebt. Ich war damals auf dem »Dänholm« bei Stralsund, und unsere Eltern kamen mit Klaus dorthin, um uns ein Treffen zu ermöglichen. So habe ich ihn gesehen, klein und grau, mit kurz geschorenen Haaren, aber – wenn ich meinen Eindruck aus der Erinnerung resümiere: nicht zerbrochen, und ganz er selbst.

Klaus hat sich dann nach seiner Entlassung sehr bald freiwillig zum Militär gemeldet, weil er gesagt hat: Ich kann unmöglich jetzt zu Hause sitzen, während meine Klassenkameraden alle an der Front sind. So ging er Ende 1942 zu einer Panzereinheit, wohin er sich gemeldet hatte und wo auch seine Freunde waren. Er kam dorthin noch mit kurz geschorenen Haaren, und er hat berichtet, dass er deswegen nie Schwierigkeiten gehabt, sondern eher Respekt erfahren hat. Er ist dann auch in Russland an der Front gewesen und verwundet worden, hat das EK 2 und das Panzerkampfabzeichen bekommen. Einige Male ist er noch auf Urlaub gewesen, und da hat er auch wieder Geige spielen können; denn, wie unsere Mutter schreibt: »Aus der Gemeinde heraus wurde eine sehr gute Geige Klaus wieder in die Hände gelegt.« Es gibt ein schönes Bild von ihm, in Panzeruniform, ganz konzentriert dem Geigespiel hingegeben.

Anfang 1945 ist Klaus bei den Rückzugskämpfen in Pommern gefallen. Seine aus Offiziersanwärtern der Panzertruppe bestehende Einheit war eingesetzt, um so lange wie möglich den Brückenkopf Dievenow (am östlichen Ausfluss der Oder) für die Flüchtlingsströme aus Ostpreußen und Hinterpommern offen zu halten. In dem Brief eines Augenzeugen heißt es: »Es ist tatsächlich dem letzten Einsatz und dem Opfer derer, die dort den Brückenkopf bei Dievenow gebildet und gehalten haben, zu verdanken, dass mindestens zehntausend Flüchtlinge, die am Strand der Ostsee auf den Übergang über die Dieve warteten, das rettende Ufer erreichten.«

So ist Klaus dann auf der Insel Wollin, wenige Kilometer von Heidebrink entfernt, dem regelmäßigen Ferienort unserer Familie in den Sommerferien, begraben worden. Meine Eltern haben es erst ein ganzes Jahr später erfahren. Dieses Schicksal meines Bruders zeigt geradezu exemplarisch die Ambivalenz der damaligen Situation: Ein aus dem KZ Entlassener, ein 19-Jähriger inzwischen, für den es von seiner eigenen Vorstellung her gar keine Alternative gibt, als dahin zu gehen, wo auch seine Freunde sind, nämlich an die Front, und dann auch das Schicksal so vieler seiner Generation (und auch seines gesamten engeren Freundeskreises) zu erleiden. Für seinen engsten Freund Silvio hat er nach dessen Tod ein Gedicht geschrieben mit dem Titel »Soldatengrab«.

> Vieles ich dachte,
> wenig vollbrachte,
> alles ich gab.
>
> In euren Händen
> liegt das Vollenden –
> mahne dies Grab.

Ich füge noch ein weiteres Gedicht von Klaus hinzu:

> Lasst uns nicht weinen
> um jene, die fielen ...
> sie sind im Frieden,
> lastenbefreit
>
> Und ihnen war
> ein Tag die Erfüllung,
> die von uns fordert
> Jahre des Ringens.
>
> Einmal vereinen
> sich jene uns wieder,
> und in das Licht
> singt eine Gemeinde.

Mit dem Jahr 1945 endet dieser Abschnitt unserer Familiengeschichte. Ohne Klaus war die Familie nicht mehr, was sie vorher war. Dazu kam der Tod unserer Schwester Helga, die mit 12 Jahren an einer tuberkulösen Hirnhautentzündung starb, während Klaus im Konzentrationslager war. Die äußeren Veränderungen durch die Flucht unserer Eltern mit einigen der Geschwister aus Stettin und die daran anschließende Rückkehr nach Kiel und den beruflichen Neuanfang unseres Vaters an der Universität, der auch eine Rückkehr war, machten den Abschluss des mit Stettin verbundenen Abschnitts der Familiengeschichte unwiderruflich.

Mich hat aber manches Mal die Frage beschäftigt, wie Klaus und seine Freunde mit der Situation nach 1945 umgegangen wären. Sie hätten sicher alle drei – Klaus, Heia und Silvio – Theologie studiert. Aber wie hätten sie in der Nachkriegssituation ihren Weg gefunden? Wie wäre ihr Verhältnis zu den verschiedenen Strömungen und Entwicklungen in der Theologie und in der Kirche gewesen und geworden? Welche Bedeutung hätten dabei ihre persönlichen Erfahrungen gehabt? Die Fragen bleiben offen.

3. Bei der Marine (1942–1945)

Neben den Erinnerungen an Klaus und den Stettiner Freundeskreis verblassen die Erinnerungen an meine eigenen Erfahrungen und Erlebnisse in diesen Jahren. Ich war von Juni 1942 bis zum Kriegsende, genauer bis zum 10. Mai 1945, meinem zwanzigsten Geburtstag, bei der Kriegsmarine. Der Gedanke an die Marine war bei mir recht früh präsent. Dass man Soldat werden müsste, war ohnehin klar. Auch noch vor dem Krieg war ja sicher, dass uns eine mehrjährige Zeit beim Militär bevorstand. So wollte ich selbst bestimmen können, zu welcher Waffengattung ich kam. Unser Lebensraum in Schleswig-Holstein, Mecklenburg und Pommern war immer von der Nähe der Ostsee bestimmt, verstärkt durch die jährlichen langen Sommerferien an der See. So war das Interesse für die Marine für mich fast selbstverständlich. Ich hatte auch noch keinerlei Berufspläne, so dass meine Meldung für die Offizierslaufbahn in der Marine durchaus als eine mögliche Zukunftsperspektive erschien.

Diese drei Jahre waren zwar äußerlich gesehen ereignisreich und auch abwechslungsreich, aber meine Erinnerungen sind viel mehr von dem bestimmt, was um mich herum geschah, nicht zuletzt auch vom Schicksal der Familie. Darum bleibt meine Schilderung dieser Jahre eher undramatisch.

Ich wurde zum 1. Juni 1942 einberufen und gehörte damit zur »Crew VI/42«. Nach einer dreimonatigen Rekrutenausbildung auf dem »Dänholm« bei Stralsund kam ich auf den Zerstörer »Friedrich Ihn«. Das enge Leben an Bord – zeitweise schlief ich in einer Hängematte – gehörte dazu, und ich empfand es nicht als besonders problematisch. Man lernte dort alle möglichen Dinge, seemännische und militärische, aber wir hatten in diesen Monaten keine »Feindberührung«. Wir waren in Swinemünde an Bord gegangen; später wurde unser Zerstörer nach Norwegen verlegt, aber nach Südnorwegen, nach Stavanger und Bergen, wo alles friedlich war. Als wir nach einigen Monaten zur Marineschule nach Mürwik abkommandiert wurden, fuhren wir mit dem Zug, und der Landweg führte über schwedisches Gebiet. Ich erinnere mich noch schemenhaft – es muss nachts gewesen sein – an schwedische Soldaten, die die Durchfahrt unseres Zuges »bewachten«. Es war eigenartig, dass es fremde Uniformierte gab, die offenbar nicht dem deutschen Kommando unterstanden.

Dann kamen wir auf die Marinekriegsschule in Flensburg-Mürwik, die klassische Fähnrichsausbildung der Marine. Inzwischen wurde es Sommer, und wir hatten eine gute Zeit. Die Ausbildung bestand im wesentlichen aus Unterricht, mehr oder weniger interessant. Es gab aber auch Gelegenheit zum Segeln, was wir weidlich ausgenutzt haben, bis hin zum Erwerb eines Segelscheins, des »Führerschein für ortsnahe Küstenfahrt«, kurz »B-Schein«. So ist mir die Flensburger Förde in bleibender Erinnerung geblieben. Auch sonst bot die Stadt Flensburg manche Anregungen, auch im »privaten« Bereich.

Hier gibt es für mich eine der wenigen Erinnerungen an persönliche Berührungen mit dem Kriegsgeschehen. Es gab einen Luftangriff, der sich zwar nicht gegen Flensburg richtete, bei dem aber Flensburg in das Alarmgebiet einbezogen war, weil die feindliche Flugroute über die Stadt führte. Wir hatten also Alarmbereitschaft, und ich gehörte an diesem Tag zu denen, die vom Turm der Marineschule aus das Geschehen beobachten und bei einem Angriff entsprechende Maßnahmen ergreifen sollten. Wir sahen eine Gruppe feindlicher Flugzeuge in nicht allzu großer Höhe das Stadtgebiet überfliegen, und plötzlich ließen sie eine Reihe von Bomben fallen. Ob sie irgendwelche militärischen Ziele treffen wollten und nur schlecht gezielt haben, oder ob sie – wie es uns erschien – einfach auf dem Rückflug ein paar nicht verbrauchte Bomben fallen ließen, jedenfalls trafen sie ein Wohngebiet, und insbesondere ein größeres Mehrfamilienhaus, in dem die Menschen in einem Keller saßen, der aber alles andere als sicher war, als das Haus über ihm einstürzte. Wir wurden dorthin zum Katastropheneinsatz geschickt – aber wir konnten nur noch eine Anzahl von Frauen und Kindern tot aus dem eingestürzten und inzwischen noch durch einen Wassereinbruch überschwemmten Keller bergen. Keine leichte Aufgabe für Achtzehnjährige, die ihrem Habitus und ihren Erfahrungen nach eigentlich noch immer höhere Schüler waren!

Dann wurde ich zur U-Boot-Waffe abkommandiert. Das bedeutete erneute Ausbildung, zeitweise auf U-Booten und Begleitschiffen, zeitweise wieder in Flensburg auf der Torpedoschule. Inzwischen war es 1944 geworden, und der Krieg ging in seine Endphase. Das bedeutete u.a., dass die Einsätze von U-Booten immer problematischer und verlustreicher wurden. Aber die Marine hatte inzwischen auch ihre »Wunderwaffe«, nämlich die Klein-U-Boote. Zunächst hatte man einfach Torpedos fahrbar gemacht und einen zweiten Torpedo drunter gehängt, den der Fahrer dann abschießen sollte. Angeblich ist das auch einmal mit Erfolg praktiziert worden, jedenfalls wurde erzählt, dass einer dafür mit dem »Ritterkreuz« ausgezeichnet worden wäre. Dann entwickelte man ein regelrechtes Ein-Mann-U-Boot, von dem ich aber nicht weiß, ob es jemals zum Einsatz gekommen ist.

Und dann schließlich die »Zwei-Mann-U-Boote«. Hier hatten sich die Ingenieure etwas sehr Komfortables einfallen lassen: ein elektrisch angetriebenes Klein-U-Boot, ohne die Probleme mit dem Dieselmotor, und dazu noch mit dem Luxus eines Kreiselkompass; Beiname »Hecht«. Daneben wurde aber auch ein Zwei-Mann-U-Boot entwickelt, das eine verkleinerte Variante der bewährten größeren U-Boote mit einem Dieselmotor darstellte; Beiname »Seehund«. Ausbildungsort für die Zwei-Mann-U-Boote war Neustadt in Holstein; dorthin wurden wir geschickt, um wieder einmal eine weitere Ausbildung zu absolvieren.

Zunächst wurde eine Flottille von »Hecht«-Besatzungen zusammengestellt – und bei dieser einen ist es dann auch geblieben. Jede Besatzung bestand aus zwei Mann: einem »Kommandanten« und einem »Leitenden Ingenieur«. Die »Kommandanten« waren seemännisch ausgebildete Offiziere oder Offizieranwärter (ich war inzwischen Oberfähnrich), die »L.I.'s« Techniker verschiedener Sparten. Der meine war ein ausgebildeter Funker, aber er verstand sein Handwerk als »L.I.«. Einige Wochen wurden wir in Neustadt ausgebildet. Ich erinnere mich an Nachtübungen, bei denen wir zeitweilig auf dem Meeresgrund liegen und weitere Befehle abwarten mussten; aber es war alles im Grunde nicht sehr dramatisch. Dann wurden wir nach Dänemark verlegt, nach Norden an die Kattegatt-Küste. Dort sollten wir das Kattegatt gegen das Eindringen feindlicher Seestreitkräfte verteidigen. Allerdings hätten wir das auch bei bestem Willen nicht tun können, denn unsere Flottille wurde nie einsatzbereit. Die Boote lagen auf Eisenbahnwaggons und wurden von unseren L.I.'s in Schuss gehalten. Aber wir hätten sie nicht ins Wasser bringen können, denn bis zum Schluss war es nicht gelungen, einen einsatzfähigen Kran dafür herbeizuschaffen. So verbrachten wir die Wintermonate 1944/45 tatenlos an der »smørfronten«, der »Butterfront« – im Nachhinein eine recht problematische Erinnerung angesichts dessen, was an vielen anderen Stellen der verschiedensten Fronten während dieser Zeit vor sich ging, und was uns natürlich mehr oder weniger bewusst war.

Anfang 1945 wurde ich dann erneut abkommandiert, und zwar zurück nach Neustadt, um dort die Ausbildung am »Seehund« fortzusetzen. (Was aus unserer »Hecht«-Flottille geworden ist, weiß ich nicht mehr.) Allerdings wurde ich dann bald aus dem Ausbildungszusammenhang herausgenommen und bekam die Funktion des »Adjutanten« des Kommandeurs der Ausbildungseinheit. Das hat mich davor bewahrt, noch in den letzten Kriegswochen zu einem Einsatz gegen England in den Ärmelkanal geschickt zu werden, wie es etliche meiner Crewkameraden betroffen hat. Sie gerieten dort in den Winterstürmen in Situationen, die für diese kleinen Boote gar nicht zu bewältigen waren, und von militärischen »Erfolgen« konnte schon gar keine Rede sein. Einige sind nicht wiedergekommen, andere hatten das »Glück«, in Gefangenschaft zu geraten.

Ich blieb also »an Land« mit einer ungefährlichen Aufgabe. Es gab sogar noch kleine Lichtblicke: Unser Kommandeur war ein belesener Mann, der in seinem Dienstzimmer einen Schrank voller Bücher hatte. Und er hatte interessante Freunde. So kam eines Tages Bernhard Minetti zu einer Dichterlesung vor dem kleinen Kreis von Offizieren in der Offiziermesse. Dieser Abend ist mir in sehr lebhafter Erinnerung. Es gab zeitweise Stromsperre, und Minetti las beim Schein einer Kerze. Besonders im Ohr geblieben sind mir die »Alten Landsknechte im Himmel« mit der nachhallenden Schlusszeile »Terum tum tum, terum tum tum«, mit der Minetti seine Lesung beendete.[3]

Das Kriegsende rückte immer näher, auch räumlich. Da es mit der Seefahrt wohl nichts mehr werden würde, sollten wir an Land unseren Beitrag zum Endsieg leisten. Man steckte uns in feldgraue Uniformen – erstaunlich, dass es die noch in genügender Menge gab – und unterwies uns im Gebrauch der Panzerfaust. Ob wir damit im Ernstfall zu Rande gekommen wäre, ist eine Frage für sich. Wir mussten den Beweis dafür auch nicht mehr antreten, denn noch einmal gab es eine neue – diesmal wirklich die letzte – Abkommandierung. Wir sollten als Wachmannschaft eine höhere Marinedienststelle schützen, die sich inzwischen sicherheitshalber nach Dänemark zurückgezogen hatte. Also wurden wir auf zwei kleine Fahrzeuge – ich glaube Minensuchboote – verladen und nach Dänemark transportiert. Dort angekommen empfing uns

---

3 Das Gedicht stammt von Börries Freiherr von Münchhausen.

buchstäblich zum »letzten Appell« ein höherer Marineoffizier, ich glaube ein Fregattenkapitän, der ohne Kopfbedeckung, d.h. also gegen jede Dienstvorschrift, vor unsere Einheit trat und uns mitteilte, der Krieg sei zu Ende und wir könnten wieder abfahren.

So fuhren wir wieder Richtung Neustadt – nicht ganz ohne Zwischenfälle. Unsere übergeordnete Einheit war inzwischen an der Schlei stationiert, und eigentlich hätten wir dorthin fahren sollen. Aber bei uns meinten einige, wir wären besser dran in Neustadt, wo manche inzwischen ihre Familien stationiert hatten. Es gab Meinungsverschiedenheiten zwischen den beiden Booten. Der dienstältere Offizier auf dem anderen Boot war der Meinung, er wollte mit seinem Boot nach Neustadt fahren, um dort die Lage zu »erkunden«, während wir mit unserem Boot, unter meinem Kommando, »ordnungsgemäß« nach Schleimünde fahren sollten. Wir setzten uns also in verschiedene Richtungen in Bewegung. Aber plötzlich blieb bei unserem Boot die Maschine stehen. Die dafür im Maschinenraum Verantwortlichen erklärten mir, dass sie den Sinn dieser Entscheidung nicht einsähen und dass sie auch nach Neustadt wollten. Man könnte das, was sich da abspielte, als »Meuterei« bezeichnen, und das war mir auch durchaus bewusst. Aber was macht man in einer solchen Situation, wenn doch der Krieg vorbei ist (und wenn man selbst erst knapp zwanzig Jahre alt ist)? Ich fand, dass die Leute eigentlich recht hätten, und beging meinerseits eine »Befehlsverweigerung«, indem ich mit unserem Boot nicht nach Schleimünde, sondern nach Neustadt fuhr. Dem dienstälteren Kollegen auf dem anderen Boot blieb nichts weiter übrig, als das knurrend hinzunehmen.[4] So liefen wir denn am Morgen des 10. Mai 1945 in den uns vertrauten Hafen von Neustadt ein.

Es war eine erstaunliche Stimmung. Im Grunde herrschte große Erleichterung, zumal wir wussten, dass uns in Neustadt die Engländer erwarteten, von denen wir nichts Schlimmes befürchteten. Auf unserem Boot hatte jemand eine Gitarre, und die Leute fingen an zu singen. So fuhren wir singend in den Hafen ein – und damit in die Gefangenschaft. Dort verlief alles sehr undramatisch, ja geradezu zivilisiert. Für mich gab es noch ein kleines Zwischenspiel: Ich hatte meine kleine, handliche Dienstpistole durch eine große, deutlich sichtbare ausge-

---

4 Kürzlich fiel mir die Erzählung von Siegfried Lenz »Ein Kriegsende« in die Hand, in der er eine bis in manche Details hinein vergleichbare Situation schildert, aber mit einem tragischen Ausgang.

tauscht, die ich am Koppel trug und dann dem englischen Offizier – einem Leutnant in meinem Alter – aushändigte. Die andere Pistole hatte ich zuunterst in meinen Rucksack gesteckt, weil ich dachte, man könnte ja nicht wissen, wozu man sie noch einmal brauchen könnte. Aber dann ließen die Engländer uns unsere Gepäckstücke ganz ausleeren, und jetzt wurde es für mich unangenehm. Ich ging also wieder zu dem Leutnant, der etwas Deutsch sprach, und sagte ihm, ich hätte da noch eine Pistole. Er machte ein mäßig strenges Gesicht und ließ sich die Pistole geben. Er wog sie in der Hand und betrachtete sie, wie mir schien »wohlgefällig«. Dann steckte er sie in die Tasche und bedeutet mir durch einen Wink, dass die Sache erledigt sei.

Damit war der Krieg für mich tatsächlich vorbei. Die Offiziere wurden gesondert in einem Lager zusammengefasst. Irgendjemand war darauf aufmerksam geworden, dass ich meinen zwanzigsten Geburtstag »feierte«. So wurde ich noch beglückwünscht; in meiner Erinnerung trank man mir zu – aber hatten wir denn etwas, womit man sich zutrinken konnte? Ich weiß es nicht, aber die Erinnerung an dieses Kriegsende als Eintritt in ein neues Lebensjahrzehnt ist geblieben.

4. Nach dem Krieg (1945)

In den nächsten Monaten gingen die Dinge ineinander über. Einerseits war ich Kriegsgefangener, allerdings unter recht komfortablen Bedingungen in einem Offizierslager, von dem aus wir Bewegungsfreiheit in die Stadt hatten – andererseits begann sich ein neues Zivil- und Familienleben zu entwickeln. In den ersten Wochen wusste ich nichts von meiner Familie. Die Informationen waren zufällig und lückenhaft. Ich wusste nur, dass meine Mutter mit den jüngeren Geschwistern, zum Schluss dann auch mein Vater, von Stettin nach Mecklenburg auf das Gut einer befreundeten Familie gelangt waren. Aber was danach geschehen war, wusste ich nicht. Nach den allgemeinen Informationen, die wir hatten, mussten wir annehmen, dass sie in der sowjetischen Besatzungszone waren. Wir hatten aber keinerlei Vorstellung davon, ob und wie man zwischen den verschiedenen Besatzungszonen miteinander in Kontakt kommen könnten.

Natürlich gab es nun erste Überlegungen über die Zukunft. Manche der Mitbewohner des Lagers, vor allem die älteren unter ihnen, waren vor ihrer Militärzeit schon in einem Beruf oder einer Ausbildung gewesen. So gab es mancherlei Ratschläge. Einer der mit mir auf unserem letzten Boot gewesen war, war »Verwaltungsoffizier« (im Unterschied zu mir als »Seeoffizier« oder zu »Ingenieuroffizieren« usw.). Er hatte zuvor auf einer Bank gearbeitet und versuchte, mir diese zukunftsreiche Laufbahn schmackhaft zu machen. Ein anderer wies mich darauf hin, dass das Studium an der Pädagogischen Hochschule gebührenfrei sei und nicht so lange dauere, so dass ich das auch ohne Hilfe meiner Eltern, von denen ich ja nichts wusste, bewerkstelligen könnte.

Aber dann änderte sich die Situation mit einem Schlage. Vor dem Lager fuhr ein Motorrad (ein »Krad« nach damaligem Sprachgebrauch) vor, und von ihm stieg ein baumlanger Hauptmann, der durch eine Armbinde als Geistlicher gekennzeichnet war (und deshalb große Bewegungsfreiheit hatte): Walter Francke, langjähriger Hilfsprediger und Pastor an der Stettiner Wartburg-Gemeinde. Das war ein geradezu dramatisches Wiedersehen – das erste von der Art, wie man sie in den folgenden Wochen und Monaten immer wieder erlebte, mit denen stückweise die abgebrochenen Lebenszusammenhänge wieder hergestellt wurden. Das Wichtigste war: Walter hatte Nachricht von meinen Eltern und Geschwistern, ja er hatte sie schon gesehen. Auf irgendeinem der damaligen Informationswege hatte er erfahren, dass sie mit dem Treckwagen, mit dem sie aus Mecklenburg gekommen waren, in einem Auffanglager an der Trave waren (in einem Gebietsstreifen, der damals von den Engländern besetzt war und später zur sowjetischen Zone geschlagen wurde). Seine privilegierte Position hatte es ihm ermöglicht, dort hin zu fahren. Nun war alles anders. Ich musste nicht mehr alleine planen, denn es zeichneten sich Zukunftsperspektiven ab, die an die frühere Familiengeschichte anknüpfen konnten.

Der Kreis der Informationen und Perspektiven weitete sich: Ein weiterer Militärgeistlicher, der in das Informationsnetz einbezogen wurde, war der Kieler Theologieprofessor Martin Redeker. Als er von der Anwesenheit Heinrich Rendtorffs erfuhr, fasste er den Plan, ihn in die Kieler Theologische Fakultät zurückzuholen, der er ja von 1926–1930 schon angehört hatte. Dieser Gedanke war gewiss nicht zuletzt dadurch bestimmt, dass die Kieler Fakultät in mehreren ihrer Mitglieder dem Nationalsozialismus recht nahe gestanden hatte – um es zurückhaltend auszudrücken. Da konnte jemand mit der Biographie Heinrich Rendtorffs von großem Nutzen sein. Redeker stellte also die Verbindung her. Es gehört zu den Kuriositäten dieser Übergangsphase, dass im August 1945 der Kurator der Universität Kiel, der noch im Amt war, aber bald danach von der britischen Besatzungsmacht abgesetzt wurde, meinen Vater zum Ordentlichen Professor und Beamten auf Lebenszeit ernannte. Damit war die entscheidende Voraussetzung und Grundlage für die Wiederherstellung und den Neuaufbau des Familienlebens geschaffen.

Redeker war es auch, der uns auf Grund seiner guten Beziehungen zu unserer ersten Bleibe außerhalb von Treckwagen und Gefangenenlager verhalf. Im Landeskrankenhaus in Neustadt gab es Platz. Wir haben uns damals wenig Gedanken darüber gemacht, warum das so war: Dieses Krankenhaus war nämlich zuvor eine »Irrenanstalt« gewesen, und ihre Insassen hatten das Schicksal erlitten, das damals sehr viele aus dieser Menschengruppe ereilte: die »Euthanasie«.

Ich muss hier die Darstellung unterbrechen und ein Detail aus dem Leben der Familie nachtragen. Mein ältester Bruder Heinz war durch eine Komplikation bei der Geburt geistig und körperlich behindert. (Die Nabelschnur hatte sich um den Hals gewickelt und dadurch die

Blutzufuhr zu den Gehirnzellen blockiert, was zu deren teilweisem Absterben führte.) Er war ein sehr großer, kräftiger Junge, der aber mit seinen Kräften nichts Rechtes anfangen konnte. Er hatte auch große Probleme in der Schule, so dass ein regulärer Schulabschluss kaum möglich erschien. Als dann die Euthanasiedebatte begann, bestand die Sorge, dass man ihn als »lebensunwert« einstufen könnte. Da hat ihn der Rektor der einklassigen Dorfschule in Kreckow, das zur Wartburg-Gemeinde gehörte, in seine Schule aufgenommen und dafür gesorgt, dass er ein Abschlusszeugnis bekam. (Das hat mir meine Schwester Ilse erst vor einigen Jahren erzählt.)

Nun waren wir also »Nutznießer« dieses dunklen Kapitels unserer Geschichte, ohne uns allerdings dessen bewusst zu sein. (Jedenfalls muss ich das von mir sagen; was meine Eltern wussten und dachten, weiß ich nicht.) Man wies uns im Landeskrankenhaus zwei Zimmer zu, in denen wir die ersten Anfänge des gemeinsamen neuen Lebens probierten. Mir ist vor allem eins in Erinnerung: Da ich inzwischen den Wunsch geäußert hatte, Theologie zu studieren, nutzte mein Vater die Zeit, um mir die Anfänge des Hebräischen beizubringen. Griechisch und Latein hatte ich ja in der Schule gehabt, so dass jetzt meine altsprachlichen Voraussetzungen ergänzt wurden. Außerdem benutzte ich die Gelegenheit, um den Führerschein zu machen. Das war insofern abenteuerlich, als es in Neustadt außer den britischen Militärfahrzeugen nur drei zugelassene deutsche Fahrzeuge gab, von denen eins einem Fahrlehrer gehörte. Es gab also praktisch keinen Verkehr, und wir übten zudem das Rückwärtsfahren im Gelände des Landeskrankenhauses, wo uns niemand störte. Ich hatte nach wenigen Fahrstunden den Führerschein; die Fahrpraxis musste sich dann allmählich einstellen mit dem wachsenden Verkehr. Es dauerte ohnehin noch etliche Jahre, bis ich mein erstes eigenes Auto besaß (genauer: bis zu meiner Berufung nach Berlin 1958).

Der nächste Schritt war dann Kiel. Dort wurde uns ein Teil eines Einfamilienhauses zugewiesen, wie es der damaligen Praxis des Umgangs mit Ausgebombten und Flüchtlingen entsprach. Eine kinderlose Tante, die den Hausrat ihres elterlichen Hauses geerbt hatte, zog zu uns und brachte ihre Möbel mit. So konnten wir dort das Familienleben weiter ausbauen. Der erste Nachkriegswinter war für uns alle eine schwierige Zeit. Wir waren als Flüchtlinge gekommen und hatten keinerlei Vorräte und auch keine Beziehungen. Es gab nicht genug zu essen und fast kein Brennmaterial. Wir lebten den ganzen Tag über in einem Zimmer, weil wir mehr nicht heizen konnten. Ich bewundere im Rückblick vor allem meinen Vater, der ohne Bücher und, da er ja aus dem Universitätsleben sehr lange heraus war, ohne irgendwelche Vorlesungsmanuskripte gezwungen war, aus dem Nichts seinen akademischen Lehrbetrieb aufzubauen. Und da noch einer der Kollegen in Kriegsgefangenschaft war, hat er sogar zwei verschiedene Lehrstühle wahrgenommen: seinen eigenen für Praktische Theologie und den für Neues Testament, d.h. er musste aus dem Nichts zwei große Vorlesungen von je vier Wochenstunden schaffen, eine über ein neutestamentliches Thema, eine Auslegung, ich nehme an eines Evangeliums, und eine Vorlesung über Homiletik, also Predigtlehre, und dazu die Seminare. Er hat ein ungeheures Arbeitspensum damals leisten müssen unter sehr mühsamen Bedingungen, und das alles in diesem einen Zimmer, in dem sich das ganze Familienleben abspielte. Soweit ich mich erinnern kann, fing er erst wirklich konzentriert zu arbeiten an, wenn die übrigen Mitglieder der Familie ins Bett gegangen waren. Aber diese erste Nachkriegszeit war für uns alle sehr prägend, denn wir erlebten diese Notzeit zugleich als eine Zeit des Neuanfangs und des Aufbruchs.

Die Familie war noch zerstreut. Vor allem waren einige Familienglieder in der sowjetischen Besatzungszone, und wir mussten versuchen, mit ihnen in Kontakt zu kommen. Irgendwie funktionierten die damaligen Informationswege, so dass wir eine »Familienzusammenführung« einleiten konnten. Es war klar, dass diese Aufgabe im wesentlichen mir zufiel. So machte ich mich im Spätjahr 1945 zu einer ziemlich abenteuerlichen Reise auf.

Zunächst musste ich irgendwie über die Zonengrenze kommen. Legale Möglichkeiten gab es dafür nicht, aber es gab alle möglichen Informationswege. Alfred Reinholtz, früher Jugendpastor in der Wartburg-Gemeinde in Stettin, jetzt Pastor in Lübeck, kannte Möglichkeiten zum illegalen Grenzübertritt und stellte die entsprechenden Verbindungen her. So fuhr ich an einen vereinbarten Ort (geographische Details kann ich nicht mehr rekonstruieren), wo mich an einem Seeufer ein ca. 15jähriger Junge mit einem Boot erwartete. Das gegenüberliegende Seeufer gehörte zur Sowjetzone, und wir fuhren in diese Richtung los. Es war Mondschein, und das war bei der Planung berücksichtigt, weil die Fahrt so am problemlosesten möglich war. Unterwegs machte mich der Junge, für den dies mehr oder weniger zur Routine gehörte, darauf aufmerksam, dass hinter einem bestimmten Busch oder Baum ein sowjetischer Posten säße. Aber, meinte er, der sei allein und hätte viel zu viel Angst, so dass er uns nicht stören würde. Ich stieg also am anderen Ufer aus und wanderte los, in Richtung auf das nächstgelegen Dorf, dessen Häuser schon sichtbar waren. Beim ersten Haus, in dem Licht brannte, klopfte ich ans Fenster. Man ließ mich ein, nachdem ich kurz gesagt hatte, woher und wohin. Für diese Leute gehörte das ebenso zur Routine wie für die auf der anderen Seite. Ich konnte über Nacht bleiben, und man versprach mir, mich durch die sowjetische Kontrolle, die einige Kilometer weiter bestand, hindurch zu bringen. Der Hausbesitzer – er war natürlich zuvor Soldat gewesen, wohl Feldwebel oder dergleichen – machte jetzt in der benachbarten Stadt einen Schnellkurs, um Lehrer zu werden. Dadurch gehörte er mit seinem Pferdewagen zu den täglichen Passanten dieses Kontrollpunkts, und man kannte ihn. Er meinte, wenn ich neben ihm auf dem Kutschbock säße, würden sie mich nicht weiter kontrollieren. Wir trugen sowieso alle unsere abgelegten Militärsachen. Und so kam es: Mit einem freundlichen Winken passierten wir die Kontrolle, und ich war in der sowjetischen Besatzungszone. In den nächsten Tagen hat mich niemand mehr nach dem Woher und Wohin gefragt und vor allem keine Papiere von mir sehen wollen.

Mein erstes Ziel war Heinz. Er war kurz vor Kriegsende noch zum »Volkssturm« eingezogen worden. In den Nachkriegswirren war er dann irgendwie unter die Obhut der früheren Oberin des Diakonieschwestern-Krankenhauses in Stettin, Oberin Wilckens, gekommen, die wir gut kannten und die jetzt irgendwo in Mecklenburg tätig war. Sie konnte Heinz bei einem Bauern unterbringen, damit er versorgt und behütet war. Wie diese Information an uns gekommen war, weiß ich wieder nicht. Jedenfalls machte ich mich auf, um Heinz zu finden. Und es gelang. Er trug gerade unter jedem Arm ein Bündel Stroh, als er mich sah, und erstarrte förmlich, so dass das Stroh zu Boden fiel. So sehe ich ihn noch heute vor mir: erstarrt vor Überraschung und Freude. Ich konnte und wollte ihn nicht mitnehmen, aber ich konnte ihm die Adresse eines Pastors nahe der Zonengrenze geben, der bereit war, ihn rüber zu »schleusen«. Das hat dann später auch geklappt, wenn auch nicht ganz ohne Schwierigkeiten.

Mein nächstes Ziel war Helge. Wir hatten uns im Januar 1945 verlobt, sozusagen im Angesicht des allgemeinen Untergangs, um etwas Festes zu haben. Ich vermutete sie in Stralsund, wohin ihre Eltern sich von Stettin aus abgesetzt hatten, und traf sie dort auch tatsächlich an. So konnte ich ihr unsere Adresse geben, und sie konnte sich dann selber auf den Weg nach Westen machen. Es gab inzwischen genügend Informationen, so dass man damit rechnen konnte, dass jeder Erwachsene und Selbständige den Übergang bewältigen konnte.

Und schließlich ging es weiter nach Süden, nach Eisenach. Diese Stadt spielte im Leben unserer Familie seit langem eine Rolle, weil dort die Schwester unseres Vaters, Tante Emma, ein Kindergärtnerinnenseminar leitete, in dem schon Ilse und Helge ihre Ausbildung absolviert hatten. Jetzt war Ulla, die zweitälteste von unseren Schwestern, dort. Meine Eltern wollten gern die Familie beisammen haben, und so hatte ich die Aufgabe, sie rüber zu holen. Von Stralsund nach Eisenach, das war für damalige Verhältnisse eine erhebliche Entfernung, zumal es kaum zuverlässige Informationen darüber gab, wann und wohin der nächste Zug fuhr. Aber ich kam an, und Ulla nahm einen schmerzlichen Abschied von der geliebten Tante. Wir machten uns zusammen auf den Weg. So weit ich mich erinnere, gab es einen halblegalen, von beiden Seiten akzeptierten oder doch geduldeten Übergang, der auf westlicher Seite im Lager Friedland endete. Vor dem Übergang verbrachen wir eine Nacht am Straßenrand, dann kamen wir schließlich bei nasskaltem Wetter in Friedland an. Dort mussten wir uns erst noch der »Entlausung« unterziehen. Ich konnte die endlosen Wartezeiten in den langen Schlangen dadurch etwas verkürzen, dass ich Ulla, die mit ihren 17 Jahren sehr klein und zierlich war, für ein paar Jahre jünger ausgab, so dass man uns das »Kinder-Privileg« zukommen ließ. Trotzdem mussten wir in Altona noch einmal eine Nacht auf dem Bahnhof verbringen. Es war Sonnabend Abend, und wir erfuhren, dass der nächste Zug nach Kiel am Montag gehen würde. Aber am Sonntag gab es noch einen Zug bis Neumünster, und so beschlossen wir, den Rest zu Fuß zu gehen. Wir hatten aber großes Glück, dass uns am Ortsausgang von Neumünster ein deutschsprachiger Fahrer eines leeren britischen Autobusses bis Bordesholm mitnahm, so dass sich das zu Fuß zu bewältigende Stück weiter verkürzte. Wir hatten kaum Gepäck, und trotz kühlem Nieselwetter marschierten wir recht fröhlich voran auf der menschenleeren, völlig verkehrsfreien Straße. Ulla entdeckte auf diesem Weg sozusagen schrittweise ihre alte Heimat wieder, obwohl sie ja an ihre Kinderzeit in Kiel kaum noch Erinnerungen haben konnte. Aber es war eben Schleswig-Holstein, das in unserem Bewusstsein als Familienheimat fest verankert war.

Nach einiger Zeit haben dann auch Heinz und Helge ihren Weg nach Kiel gefunden, so dass jedenfalls für kurze Zeit die ganze Familie wieder beieinander war – allerdings ohne Klaus. Bald gingen dann die einzelnen Familienglieder ihre eigenen Wege: Ilse zunächst in ein Kinderheim auf Langeoog, in dem die Tradition des Heimes in Deep bei Kolberg (Helferbund Rita von Gaudecker) fortgesetzt wurde, in dem die jüngeren Geschwister einen Teil der Kriegszeit verbracht hatten; Ulla ging ins Diakonissenmutterhaus; ich machte mich dann bald auf zum Studium an anderen Hochschulen.

5. Studium: Kiel, Bethel, Göttingen, Heidelberg (1946–1950)

Anfänge in Kiel

Ich hatte mich sehr bald entschlossen, Theologie zu studieren. Ein eher spontaner und emotionaler Grund war das Gefühl, dass die Kirche einer der wenigen festen Punkte war, an dem man sich orientieren konnte, wo sonst fast alles zusammengebrochen war; deshalb erschien es mir sinnvoll, da mitzuwirken. Das Studium hatte schon eine Vorgeschichte: Mein Vater wurde, als wir noch in Neustadt wohnten, von der Besatzungsbehörde beauftragt, Kurse für Theologiestudenten in verschiedenen Kriegsgefangenenlagern an der Ostküste Schleswig-Holsteins zu halten. Es gelang uns, für mich die Genehmigung zu erhalten, ihn aus meinem eigenen Lager dorthin zu begleiten; er wurde sogar regelmäßig von einem deutschen Marineoffizier, der in diesem lockeren Gefangenenstatus als Kraftfahrer fungierte, zu den Vorlesungen und wieder zurück gefahren, so dass wir gemeinsam eine sehr schöne, anregende Zeit hatten. Daran konnte ich dann unmittelbar anknüpfen, als in Kiel die Universität wieder eröffnet wurde.

Zunächst musste ich aber zur Entlassung aus der Gefangenschaft noch einmal in ein anderes Lager überwechseln. Die Engländer hatten ein ganzes Gebiet an der schleswig-holsteinischen Ostküste zum Gefangenen- oder besser: Internierungslager erklärt, und die Entlassungen wurden von einem zentralen Lager aus durchgeführt. Es hatte sich die Frage ergeben, was für eine Berufsbezeichnung ich für die Entlassung angeben sollte. Nach den uns zugänglichen Informationen sollten Studenten noch nicht entlassen werden. Ich hatte aber schon mit dem örtlichen Pastor Kontakt aufgenommen und angefangen, eine kirchliche Jugendgruppe zu betreuen. So erhielt ich eine Bescheinigung als »Kirchengemeindehelfer«, die meine Entlassung reibungslos ermöglichte. Diese Berufsbezeichnung hatte noch eine überraschende Nebenwirkung. Während des Entlassungsvorgangs, bei dem man an verschiedenen Stellen Papiere vorlegen und Unterschriften in Empfang nehmen musste, fragte mich der Angestellte, der gerade meine Papiere bearbeitete, ob ich eine Bibel für ihn hätte. Er sprach fließend Deutsch, war aber offenbar in britischen Diensten. Ich hatte, wie ich es von meinem Vater gelernt hatte, tatsächlich immer ein kleines, weich gebundenes Neues Testament in der Tasche. Ich habe es ihm spontan gegeben und auch noch irgend etwas hineingeschrieben, vielleicht nur Datum und Namen. Das Ganze dauerte nur ein paar Augenblicke; aber ich habe manchmal darüber nachgedacht, ob das für den Empfänger wohl noch irgendwie weiter gewirkt hat.

Nun stand mir der Weg ins Studium offen. Allerdings musste ich erst noch ein reguläres Abitur nachmachen. Ich war s.Zt. mit dem »Reifevermerk« von der Schule abgegangen, der unter den damaligen politischen Bedingungen wie ein Reifezeugnis zur Aufnahme des Studiums berechtigt hätte. Nach dem Ende des »Dritten Reiches« wurde nun mit den verschiedenen vorläufigen Abgangszeugnissen – Reifevermerk, Vorsemestervermerk – unterschiedlich verfahren. In Kiel wurde die Sache so gehandhabt, dass Inhaber eines »Reifevermerks« in einem »Eingangssemester« an der Universität Kurse in vier Fächern belegen musste, an deren Ende dann die Reifeprüfung stattfinden sollte. Deutsch und Mathematik waren Pflichtfächer. Ich wollte dazu spontan Englisch und Geschichte wählen, weil ich dachte, als ehemaliger »Humanist« auf diesen Gebieten noch einiges nachholen und ergänzen zu können; aber mein Vater riet mir davon ab, weil diese Kurse überlaufen seien, was sich auch als zutreffend erwies. So wählte ich stattdessen Latein und Griechisch und kam damit in einen kleinen, überschaubaren Kurs, zusammen mit Leuten mit ähnlichen Interessen. Die Lehrer waren z.T. jetzt stellungslose Universitätslehrer. Ich erinnere mich besonders an unseren Mathematiklehrer, denn in den Stunden bei ihm habe ich zum ersten Mal verstanden, worum es ging, was mir in der Schule oft dunkel geblieben war; er wurde dann leider noch während des Semesters an eine Universität berufen. Eine »Reifeprüfung« fand dann allerdings nicht statt, denn es waren viel zu viele Teilnehmer – ich habe die Zahl 450 im Gedächtnis. Aber wir hatten regelmäßig Hausarbeiten geschrieben (ob auch »Klassenarbeiten«, kann ich mich nicht erinnern), so dass die Lehrer Zensuren geben konnten. Und alle, die nicht nach unten, oder auch nach oben, aus dem allgemeinen Rahmen fielen, erhielten auf Grund der Beurteilung durch die Lehrer ihr Reifezeugnis. Bei der Festsetzung der Gesamtnote wurden dann aber die Noten aus den anderen Fächern im Reifevermerk mit herangezogen; so reichte es bei mir nur zu »befriedigend«. (Auf dem Reifevermerk waren Chemie, Erdkunde und Handschrift nur »ausreichend«; das konnte auch das »sehr gut« in Musik nicht ausgleichen.)

Ich konnte dieses Vorsemester auch dazu benutzen, mein Hebraikum zu machen. Mein Vater hatte mir ja schon die Anfangsgründe des Hebräischen beigebracht. Das konnte ich nun fortsetzen und vertiefen. Die Begegnung mit der hebräischen Sprache gehört zu meinen wichtigsten Erfahrungen am Beginn der Studienzeit. Sie ergänzte die Erfahrungen mit dem Lateinischen und Griechischen, die in meiner Schulzeit immer zu meinen Lieblingsfächern gehört hatten, und sie öffnete zugleich ein weites neues Feld durch die Begegnung mit einer nichtindogermanischen Sprache, und zwar mit einer semitischen Sprache, deren Vielfalt und historische und religionsgeschichtliche Bedeutung ich später noch kennen lernen sollte.

Der Neuanfang an der Universität war dadurch geprägt, dass die Studenten so gut wie alle ehemalige Soldaten waren, teils Leute, die schon einmal mit dem Studium begonnen hatten, teils Leute, die wie ich neu anfingen, teils Leute, die aktive Offiziere gewesen waren und nun im Alter von 30 oder sogar 40 Jahren anfingen, sich nochmals einen neuen Beruf aufzubauen. Dabei war es noch sehr spannend und manchmal dramatisch durch die vielen Gerüchte, ob eigentlich ehemalige aktive Offiziere überhaupt studieren dürften, so dass auch große Unsicherheit herrschte. Es gab viele Diskussionen darüber, denn das waren Leute, die Familien hatten und nicht wussten, wie es weitergehen sollte. Ich war einer der Jüngsten, ich war ja erst 20 Jahre alt; aber eigentlich prägten die 30–40jährigen das Bild dieser ersten Studentengeneration.

Zu diesem Bild der frühen Nachkriegszeit gehört hinzu, dass die Universität völlig zerstört war und dass deshalb die Lehrveranstaltungen an den verschiedensten Stellen stattfanden, z.B. auf einem Schiff, einem dafür angemieteten Personendampfer, der im Hafen vertäut lag und in dessen Gesellschaftsräumen Lehrveranstaltungen abgehalten wurden, so auch unser Hebräischkurs. Dazu kamen Gebäude einer Fabrik, der ELAC, die bis zum Kriegsende für die Kriegsmarine gearbeitet hatte, deren Gebäude jetzt aber leer standen und von der Universität genutzt werden konnten.

Damals begann in Kiel auch das geistige und kulturelle Leben sich wieder zu regen. So eröffnete das Kieler Stadttheater, obwohl teilweise zerstört, schon Ende Oktober eine neue Spielzeit. Es gab wohl nicht viele aktionsfähige Theater, so dass sich hier dann auch einiges an Schauspielern sammelte. So erinnere ich mich an eine Aufführung des »Faust« mit Bernhard Minetti als Faust und Will Quadflieg als Mephisto (wenn meine Erinnerung richtig ist!).

Zwischenstation in Bethel

Ich habe dann bald, aufgrund der Tradition, die ich von meinem Vater her kannte, versucht, die Universität zu wechseln. Das war damals sehr schwierig, weil überall der (von den Besatzungsmächten verordnete) Numerus clausus herrschte. Das Sprungbrett, das es von Kiel aus gab, war die Kirchliche Hochschule in Bethel, für die der Numerus clausus nicht galt. So ging ich im Wintersemester 1946/47 nach Bethel. Dort habe ich mein hebräisches »Hobby« weitergepflegt, indem ich einen Kurs in biblischem Aramäisch belegte. Im übrigen waren natürlich diese ersten Semester immer voll von Neuem, mit dem es weiterzuarbeiten galt. Eine interessante Begegnung war die mit dem Alttestamentler Hellmuth Frey, der die alttestamentlichen Texte ganzheitlich (»holistisch« würde man heute sagen) auslegte mit einem starken pietistischen Pathos. Es war eigentlich ganz »unwissenschaftlich«, aber sehr anregend. In meiner damaligen Studienbibel ist das Buch Genesis voll mit farbigen Unterstreichungen und Anmerkungen am Rand. In einem Gespräch vor meinem Weggang aus Bethel sagte er: »Gehen Sie nach Göttingen! Lernen Sie von Rad kennen!« Das zeigte, dass er seine Arbeit durchaus im Kontext der akademischen theologischen Wissenschaft verstand.

Ein entscheidendes Jahr in Göttingen

Nach einem Jahr gelang mir dann der Wechsel nach Göttingen. (Die Göttinger Fakultät hielt jeweils eine begrenzte Anzahl von Plätzen frei für Wechsler aus Bethel.) Das war für mich nun der entscheidende Schritt. Jetzt lernte ich in einer großen, mit vielen sehr unterschiedlichen akademischen Lehrern besetzten Fakultät die Theologie als Wissenschaft erst wirklich kennen. Und die Faszination der biblischen Texte in der Ursprache, des Neuen, aber natürlich vor allem des Alten Testaments, setzte sich hier fort. Ganz entscheidend war für mich, dass ich in Göttingen den Lehrer traf, der mein ganzes weiteres Leben bestimmen sollte, den Alttestamentler Gerhard von Rad. Bei ihm habe ich angefangen, mich in die alttestamentliche Wissenschaft hineinzuarbeiten. Eigentlich war es dieses Jahr 1947|1948 in Göttingen, das meinen ganzen weiteren Lebensweg bestimmt hat. Es war nur ein Jahr, denn im Sommer 1948 kam die berühmte »Währungsreform«, die dazu führte, dass niemand mehr Geld hatte außer für das Lebensnotwendige; so war es unmöglich, dass mein Vater mein Studium in Göttingen weiter finanzieren konnte, und ich musste zurück nach Kiel. Aber meine Beziehung zu meinem Lehrer Gerhard von Rad hatte schon soweit Form angenommen, dass ich ihn um ein Thema für eine Doktorarbeit bat, die ich dann in Kiel schreiben konnte. Später bin ich mehrfach per Anhalter nach Göttingen gefahren, um ihm meine ersten Entwürfe zu zeigen. (Der Gedanke, dass man eine Eisenbahnfahrkarte von Kiel nach Göttingen hätte bezahlen können, war damals ganz abwegig.) Von Rad folgte dann einem Ruf nach Heidelberg, bevor ich meine Arbeit abgeschlossen hatte. So bin ich ihm 1950 gefolgt, um in Heidelberg meine Promotion abzuschließen.

Mein persönliches Leben ist durch diesen Wechsel von Kiel nach Bethel und dann von Bethel nach Göttingen stark geprägt worden. In Bethel war das Leben der Studenten an der Kirchlichen Hochschule oder Theologischen Schule, wie sie sich nannte, durch das unmittelbare Einbezogensein in die Anstalt bestimmt, und zwar pietistisch. Ich habe intensiv daran teilgenommen, habe damals eine ausgesprochen pietistische Phase durchlebt: ein starkes Frömmigkeitsbewusstsein mit vielen Gebetsgemeinschaften, mehrmals am Tag, und anderen Kreisen, in denen man die persönlichen Glaubensprobleme auch aussprach. In Göttingen herrschte dann eine völlig andere Atmosphäre. Da gab es zwar auch Kreise, in denen man das weiterpflegen konnte, und das habe ich zunächst auch getan. Aber die Atmosphäre in den Vorlesungen, die ich dort erlebte, war ganz anders. Es war eine viel freiere, aufgeklärtere geistige Atmosphäre, die mich außerordentlich fasziniert hat. So habe ich mich in Göttingen sehr bald wieder von dieser pietistischen Phase abgewandt. Damals hat sich eine Einstellung zur Theologie und zum christlichen Glauben und zur Kirche geprägt, die von dieser freien Geistigkeit bestimmt war, die man im weitesten Sinne als liberal bezeichnen könnte, verbunden mit der sehr strengen methodischen Schulung der wissenschaftlichen Arbeit am hebräischen Bibeltext und auch in den anderen theologischen Fächern, in denen es dort hervorragende theologische Lehrer gab. Dies war das Jahr, in dem die Grundlagen für mein wissenschaftliches und theologisches Denken gelegt wurden: die Strenge des Umgangs mit dem Text und das gleichzeitige Bemühen um geistige Unabhängigkeit im Beurteilen der Probleme.

Hier muss ich auch noch etwas zum Thema meiner Dissertation und den sich daraus ergebenden Folgen sagen. Als ich Gerhard von Rad bat, mir ein Thema für eine Dissertation zu nennen, sagte er, dass sein Lehrer Albrecht Alt die Formen und Gattungen der biblischen Rechtstexte sehr detailliert untersucht habe,[5] dass er dabei aber die im eigentlichen Sinne priesterlichen Texte nicht behandelt hätte; daran sollte ich mich einmal versuchen. So kam ich dazu, mich in das Buch Leviticus (das »Dritte Buch Mose«) zu vertiefen. Das erscheint auf den ersten Blick als ein eher peripheres Gebiet. Aber ich muss im Rückblick sagen, dass die Arbeit an einem solchen Thema, mit dem sich nicht allzu viele Wissenschaftler beschäftigt haben, so dass man sich nicht in der Auseinandersetzung mit der Sekundärliteratur verzetteln musste, ein sehr gutes Übungsfeld für die Erarbeitung eigener methodischer Ansätze ist. Und da mich später die sich ausweitenden Aufgaben in der akademischen Lehre ohnehin auf andere Felder führten, bildete die hier erworbene methodische Schulung auch für weitere Studien eine gute Voraussetzung. Schließlich hat sich, eher zu meiner Überraschung, gezeigt, dass das Thema der priesterlichen Texte, insbesondere des Buches Leviticus, in den neunziger Jahren des zwanzigsten Jahrhunderts plötzlich ein neues Interesse in der internationalen Bibelwissenschaft gefunden hat, was auch zu entsprechenden Veröffentlichungen führte.[6]

Die Schilderung des Jahres in Göttingen wäre unvollständig, wenn ich nicht noch ein wesentliches Element nennen würde: die Kirchenmusik. Es gab dort einen Chor von sehr hoher Qualität, die Göttinger Stadtkantorei, dem ich mich angeschlossen habe. Hier habe ich die großen Bach-Werke mitgesungen, das Weihnachtsoratorium, die Matthäus-Passion und die H-Moll-Messe, dazu viele andere Chorwerke von Bach, Schütz und anderen. Ich habe da im großen und kleinen

---

5 Albrecht Alt, Die Ursprünge des israelitischen Rechts, 1934 (jetzt in: Kleine Schriften zur Geschichte des Volkes Israel, Bd. 1, München 1953, 278–332).
6 Z.B. John F. A. Sawyer (Hg.), Reading Leviticus. A Conversation with Mary Douglas, Sheffield 1996; Mary Douglas, Leviticus as Literature, Oxford 1999; Heinz-Josef Fabry und Hans-Winfried Jüngling (Hg.), Levitikus als Buch, Berlin 1999; Rolf Rendtorff und Robert A. Kugler (Hg.), The Book of Leviticus. Composition and Reception, Leiden 2003.

Chor mitgewirkt und hatte ein sehr enges Verhältnis zum Chorleiter Ludwig Doormann, der mich auch zur Unterstützung in einigen in dieser Nachkriegszeit schwierigen organisatorischen Problemen der Vorbereitung der Oratorienaufführungen herangezogen hat. Als ich später als Privatdozent nach Göttingen zurückkam, hat sich diese Verbindung fortgesetzt, so dass für viele Jahre die Göttinger Stadtkantorei mit der dort veranstalteten Kirchenmusik zu den Grundelementen meines Lebens und dann auch des Lebens der heranwachsenden Familie gehört hat. Auch in Kiel habe ich dann zeitweilig in einem Chor mitgesungen, so dass die Verbindung von Theologie und Kirchenmusik etwas ist, was mich sehr bestimmt hat; und das ist ja auch eine nahe liegende und einleuchtende Wechselbeziehung.

Hochzeitliches Kiel

Also ging es wieder zurück nach Kiel. Mein Studienbuch zeigt mir, dass ich noch einmal zwei Semester lang intensiv und in der Breite der theologischen Fächer studiert habe. (Übrigens habe ich im Wintersemester 1948/49, unmittelbar nach der Währungsreform, 197,– DM Studiengebühren bezahlt!) Mein Hauptaugenmerk richtete sich aber auf die alttestamentliche Exegese. Angesichts des mir zugewiesenen Themas bedeutete das vor allem philologisch-historische Kleinarbeit: der Versuch, die sprachlichen Strukturen der einzelnen Sätze und Satzgruppen der »priesterlichen« Gesetze zu verstehen, und zu untersuchen, ob sich ein bestimmtes System ihrer Anwendung erkennen lässt. So versuchte ich den »Ritualstil« der biblischen Gesetze zu bestimmen, was auch eine gewisse Rezeption in der weiteren Forschung gefunden hat. Für eine bestimmte Formel, die im Zusammenhang mit kultischen Dingen häufiger verwendet wird, prägte von Rad, nach Lektüre meiner Arbeit, den Begriff »deklaratorische Formel«, den ich dann in der gedruckten Fassung meiner Dissertation aufgenommen habe.

Doch inzwischen gab es noch einen anderen großen Schritt zu tun: Helge und ich waren nun schon mehr als drei Jahre verlobt, und wir beschlossen jetzt, mit verständnisvoller Zustimmung und Mitwirkung meiner Eltern (Helges Eltern in Stralsund konnten dabei leider gar nicht mitwirken und auch nicht kommen), schon vor dem Abschluss des Studiums zu heiraten. Wir bezogen ein schön gelegenes großes Zimmer mit Blick ins Düsternbrooker Gehölz und einer kleinen, entsprechend den damaligen Verhältnissen eingerichteten Notküche. Im übrigen lebten wir weiter mit der Großfamilie zusammen, wobei Helge sich dort intensiv im Haushalt betätigte. Noch vor dem Abschluss der Dissertation wurde dann Annemarie geboren.

So musste ich die für damalige Verhältnisse nicht ganz ungewöhnliche Doppelrolle des studierenden Familienvaters übernehmen. Die intensive Beschäftigung mit den hebräischen Texten wurde dadurch aber nicht ernsthaft behindert, und die Arbeit an der Dissertation kam bald zum Abschluss. Die Herstellung der Dissertation war dann mit einigen zeitbedingten Mühen verbunden. Zunächst musste die Arbeit zur Vorlage geschrieben werden. Aber wer hatte schon eine ordentliche Schreibmaschine? Mein Freund Dietrich Rössler (»Dieter«) konnte von seiner Mutter eine solche herbeischaffen, und er verdingte sich auch zugleich als Mitschreiber. So zogen Helge und Annemarie kurzzeitig aus und wir verwandelten das Zimmer in eine Tag- und Nacht-Schreibwerkstatt. Besondere Sorgfalt verwendeten wir auf die unten auf jeder Seite anzubringenden Fußnoten, für deren genaue Platzierung wir eigens einen »Zeilenzähler« entwickelten. Außerdem musste jeweils der freizulassende Raum für die hebräischen Texte genau beachtet werden. Das Hebräische musste dann »von Hand« in die drei Exemplare eingesetzt werden. Dieter war damals noch im Medizinstudium und mit dem Hebräischen nicht vertraut; so sprang ein anderer Freund ein, Martin Hüneke, ehemaliger Thomaner, mit dem ich in Göttingen in der Stadtkantorei gesungen hatte, und der inzwischen auch in Kiel gelandet war. Seine Kalligraphie hat uns alle sehr erfreut.

Neben Familie, Studium und Kantorei gab es noch ein weiteres Feld, auf dem sich in diesen zwei Jahren wichtige Entwicklungen vollzogen: die Kieler Studentengemeinde, und das heißt insbesondere: der damalige Kieler Studentenpfarrer Heinz Zahrnt. Wir waren ja in jeder nur denkbaren Weise im Aufbruch, und Heinz Zahrnt fegte mit seiner Art zu predigen gleichsam die ganze traditionelle Theologie und Predigt beiseite und stellte sich mit uns mitten in das unruhige Geschehen jener Jahre. Geradezu exemplarisch war es, als im Kieler Theater Sartres »Geschlossene Gesellschaft« gespielt wurde und Heinz Zahrnt dann am folgenden Sonntag den Faden aufnahm und seine zeitgemäße theologische Antwort darauf gab. Ich weiß nicht mehr im einzelnen, was er gesagt hat, aber die Situation war prägend.

Zu den Ereignisse dieser Jahre gehörte auch unsere erste Auslandsreise nach dem Krieg zu einem Besuch bei der Kopenhagener Studentengemeinde, die uns eingeladen hatte. Auch hier bildete Heinz Zahrnt den Mittelpunkt. Und schließlich lasen wir in einem kleinen Arbeitskreis mit Heinz Zahrnt den gerade erschienenen ersten Teil der »Theologie des Neuen Testaments« von Rudolf Bultmann. Hier tat sich uns eine neue Welt auf. Was uns bislang an neueren theologischen Konzeptionen erreicht hatte, war vor allem von Karl Barth bestimmt, wobei damals die Auseinandersetzung mit Emil Brunner im Vordergrund stand. Aber jetzt wurden wir mit theologischen Gedanken konfrontiert, die sich alsbald anschickten, alles Bisherige zu verdrängen. In diesem Kreis hat auch Dieter wesentliche Impulse für seinen weiteren Weg von der Medizin zur Theologie erhalten. Wir waren aber froh, dass er sein Medizinstudium zu Ende führte und nicht als »abgebrochener« Mediziner in die Theologie überwechselte.

Abschluss und Neuanfang in Heidelberg

Inzwischen hatte Gerhard von Rad einen Ruf nach Heidelberg angenommen. Er hatte gleichzeitig auch einen Ruf nach Tübingen; er erzählte mir, dass er gern nach Tübingen gegangen wäre, aber dort handelte es sich um den Lehrstuhl von Artur Weiser, der vorübergehend (im Zuge der »Entnazifizierung«) suspendiert worden war, aber hoffte, im Rahmen eines neuen Verfahrens in sein Amt zurückkehren zu können, was sich dann auch bewahrheitete. So war von Rad nach Heidelberg gegangen, und jetzt, im Sommer 1950, machte ich mich »mit der Dissertation unter dem Arm« auf, ihm dorthin zu folgen. Heidelberg war zwar für mich eine »fremde« Fakultät; aber außer Gerhard von Rad kannte ich von den Professoren auch Günther Bornkamm persönlich, der zuvor in Göttingen gewesen war, und alle waren sehr freundlich und entgegenkommend. Die Zahl der Promotionen war damals noch sehr klein, so dass jeweils die ganze Fakultät daran Anteil nahm. Allerdings will ich nicht verschweigen, dass auch die Tatsache, dass ich der Sohn eines bekannten Fachkollegen war, meinen Weg erleichtert hat, zumindest emotional.

Während des Sommersemesters habe ich noch in den Vorlesungen der Fakultät »herumgehört«, um die Professoren und die Heidelberger »Atmosphäre« näher kennen zu lernen. Den stärksten Eindruck hat bei mir der Kirchenhistoriker Hans von Campenhausen hinterlassen, der durch sein sprudelndes Temperament und die große Anschaulichkeit der Darstellung seine Gegenstände höchst eindrucksvoll, manchmal geradezu unvergesslich präsentierte. Im Oktober folgte dann das Rigorosum, das zwar nach meinem eigenen Eindruck nicht glanzvoll verlief, aber doch zu einem »magna cum laude« führte.

Eine Woche nach meinem Rigorosum stand ich dann schon auf dem Katheder eines Hörsaals. Es war kennzeichnend für die dünne »Personaldecke«, die damals bestand, dass ich einspringen musste, um den Unterricht im Hebräischen zu übernehmen. Diese grundlegende Pflichtveranstaltung wurde sonst von dem Privatdozenten Otto Plöger gehalten, dem einzigen Dozenten im Alten Testament außer dem Ordentlichen Professor von Rad. Plöger hatte die Einladung zur Vertretung einer vorübergehend vakanten Professur in Göttingen erhalten, was für sein Fortkommen natürlich wichtig war. Er konnte diese Einladung aber nur wahrnehmen, wenn jemand anders den Hebräischunterricht übernahm. So kam ich wie gerufen.

An die Anfänge dieses Unterrichts erinnere ich mich ungern, vor allem je größer der Abstand geworden ist und damit meine Einsicht, wie man hätte unterrichten sollen. Aber ich musste mir selbst erst sehr mühsam meinen Weg bahnen. Ich hatte zwar viel daran gearbeitet, meine Fähigkeit zum zusammenhängenden Lesen hebräischer biblischer Texte zu verbessern. Aber die Theorie der grammatischen Zusammenhänge musste ich mir erst selbst sehr mühsam erarbeiten. Dazu kam, dass es überhaupt keine neueren Lehrbücher gab, so dass man auch von den vorhandenen Büchern keine didaktischen Hilfen erwarten konnte. Immerhin hat es sich irgendwie eingespielt, und die ca. 30 Teilnehmer haben alle am Semesterschluss das Hebraikum abgelegt – nur einer, soweit ich mich erinnere, etwas verspätet und mit meiner privaten Nachhilfe.

So ungewöhnlich mein plötzliches Eintreten in den akademischen Unterricht war, so hat es doch einen ersten entscheidenden Schritt bedeutet. Man muss sich dabei bewusst machen, dass es damals in der Theologie wie in den Geisteswissenschaften überhaupt keinerlei nachgeordnete wissenschaftliche Stellen gab. Der »Assistent« war ein Phänomen der Naturwissenschaften und der Medizin. Die Theologische Fakultät konnte damals eine Stelle ergattern, die sie aber für den Auf- und Ausbau ihrer Bibliothek einsetzte. Ich war deshalb durchaus darauf eingestellt, zunächst in den kirchlichen Dienst zu gehen. Bei meiner schleswig-holsteinischen Landeskirche war ich als Theologiestudent mit dem Ziel des Pfarramts eingetragen. Jetzt konnte ich mir eine Besonderheit der dortigen Prüfungsbestimmungen zunutze machen, wonach eine mindestens »cum laude« absolvierte theologische Promotion anstelle eines Ersten Theologischen Examens angerechnet werden konnte. Ich hatte schon einen entsprechenden Antrag gestellt und war als Vikar in die landeskirchliche Laufbahn aufgenommen worden.

Aber inzwischen hatte Gerhard von Rad für mich bei der Notgemeinschaft für die deutsche Wissenschaft (der Vorläuferin der Deutschen Forschungsgemeinschaft) ein Habilitationsstipendium beantragt. Ich wundere mich heute noch darüber, dass von Rad, der sonst in allen organisatorischen und praktischen Fragen eher ungeschickt war, die Möglichkeit dieses für die damalige Zeit keineswegs selbstverständlichen Antrags entdeckt hatte. Immerhin bedeutete das für ihn ja auch, dass er einen Schüler in der Rolle eines Quasi-Assistenten an seiner Seite hatte, der auch gewisse Lehraufgaben übernahm, z.B. im Fach »Bibelkunde«. (Den Hebräischunterricht hatte inzwischen Plöger wieder übernommen.) Für mich selbst bedeutete das vor allem die Möglichkeit, den nächsten Schritt ins Auge zu fassen und konzentriert auf die Habilitation zuzusteuern. Das musste sehr zügig geschehen, denn das Stipendium war auf zwei Jahre beschränkt.

Trotz dieses Zeitdrucks waren es aber zwei randvolle Jahre. Zunächst musste die Familie untergebracht werden, was damals keineswegs problemlos war. Es gelang uns, zwei Zimmer in einer Etagenwohnung in der Weststadt zugewiesen zu bekommen, von denen eins zugleich als Küche benutzt wurde. Für uns Drei war das völlig ausreichend, und es hatte sogar mein Schreibtisch darin Platz, den ich aus Kiel mitgebracht hatte. Als dann Barbara geboren wurde, hatten wir das Glück, eine richtige Wohnung in einem von der Universität für jüngere Wissenschaftler errichteten Haus im Stadtteil Pfaffengrund zu ergattern. So entwickelte sich allmählich ein richtiges bürgerliches Familienleben, wenn auch in einem äußerst engen finanziellen Rahmen. (Das Stipendium betrug 300,– DM monatlich.)

Ein enger Teilhaber unseres damaligen Lebens war Dieter. Er hatte sein Medizinstudium mit der Promotion im Fach Physiologie abgeschlossen und wollte jetzt sein in Kiel in Ansätzen begonnenes Theologiestudium weiterführen. Dazu kam er nach Heidelberg und teilte dort unser kärgliches, aber fröhliches Leben (z.B. als zahlender Gast an unserem häuslichen Mittagstisch für wöchentlich 5,– DM, sonntags mit Fleisch). Dieters berufliches Leben nahm hier seinen Weg, zunächst in der Zweigleisigkeit von Medizin (im Umkreis von Richard Siebeck) und Theologie (bald als Doktorand des Neutestamentlers Günther Bornkamm), später dann mit dem akademischen und kirchlichen Berufsweg als Theologe.

Unsere regelmäßige Gemeinsamkeit brachte uns dazu, über weitere theologische Projekte nachzudenken. Auf einer langen gemeinsamen Eisenbahnfahrt von Kiel nach Heidelberg (damals sogar schon mit einem Aufenthalt im Speisewagen für eine Tasse Kaffee) kamen wir zu dem Entschluss, uns nach (studienmäßig und persönlich) gleichaltrigen Freunden umzusehen, mit denen wir versuchen könnten, die Grenzen zwischen den einzelnen theologischen Disziplinen zu überwinden, die wir für hinderlich und schädlich hielten. In den folgenden Monaten setzten wir uns dann mit Klaus Koch (Doktorand bei Gerhard von Rad, also Alttestamentler) und Ulrich Wilckens (Doktorand bei Günther Bornkamm, also Neutestamentler) zusammen. Dieter selbst war fachmäßig noch nicht festgelegt, aber es war uns klar, dass wir einen Vertreter der Systematischen Theologie hinzugewinnen müssten. So luden wir Wolfhart Pannenberg zu einer unserer Zusammenkünfte ein, und daraus entwickelte sich eine regelmäßige, intensive Zusammenarbeit weit über die räumliche Trennung durch die verschiedenen beruflichen Wege hinaus. Später trat noch Martin Elze als Kirchenhistoriker hinzu, und schließlich auch mein jüngerer Bruder Trutz, der den Aspekt der Systematischen Theologie aus seiner Sicht verstärkte.

»Der Kreis«, wie wir uns mit unverhohlenem Selbstbewusstsein nannten, hat mit seinen regelmäßigen Zusammenkünften jeden von uns in den folgenden zwei Jahrzehnten stark beeinflusst. Der Blick wurde über das eigene engere Fachgebiet hinaus erweitert und durch die ständigen intensiven Diskussionen offen gehalten. Dabei erscheint es mir besonders wichtig, dass die eigene theologische Arbeit räumlich nicht auf den Ort der akademischen Wirksamkeit beschränkt blieb, sondern auch äußerlich betrachtet einen weiteren Horizont erhielt. Für Dieter und mich fand dies über Jahre hin seinen konkreten Ausdruck darin, dass er mich, von Münster kommend, mit seinem Motorroller in Göttingen abholte und wir dann gemeinsam nach Heidelberg weiterfuhren, wo der Kreis meistens zusammenkam. U.a. ist mir eine Rückfahrt im strömenden Regen in besonderer Erinnerung geblieben.

In der Frühzeit unserer Zusammenarbeit gab es ein Ereignis ganz besonderer Art. Das Verhältnis von Theologie und Philosophie spielte in unseren Diskussionen eine gewichtige Rolle, und es entstand der Gedanke, Martin Heidegger zu einem Gespräch zu besuchen. Er erklärte sich bereit, uns auf seiner Hütte in Todtnauberg zu empfangen. So machten wir uns mit (teilweise geliehenen) Motorrädern auf den Weg in den Schwarzwald. Wir schlugen unser Zelt auf der gegenüberliegenden Talseite auf mit Blick auf Heideggers Hütte und wanderten dann hinüber. Er empfing uns zum Tee in der Hütte und nahm uns anschließend auf einen längeren Rundgang mit, um uns die Landschaft zu zeigen. Wolfhart und Ulrich als die kompetentesten Gesprächspartner gingen rechts und links neben ihm, um auch auf diesem Weg das philosophische Gespräch fortzusetzen. Gelegentlich wich Heidegger aber auf andere Themen aus, so z.B. als er auf die zugespitzte Frage, wie sich »Das Sein« zu »Gott« verhalte, damit begann, uns den Weg der Gewitter in diesem Teil des Schwarzwaldes zu erklären.

Ein weiteres Ereignis besonderer Art war eine theologische Arbeitstagung mit Studenten im Oktober 1960 zu einem zentralen Thema unserer Arbeit. Die bei dieser sehr lebhaften, von intensiven Diskussionen geprägten Tagung gehaltenen Referate haben wir unter dem Titel »Offenbarung als Geschichte« veröffentlicht.[7] Dieser Titel bringt unser damaliges »Programm« zum Ausdruck, dem ein vom Blick auf das Ende, also eschatologisch geprägtes Verständnis von Geschichte zugrunde lag, in dessen Verlauf und auf dessen Ende hin sich Gott offenbart. Mein eigenes Referat »Die Offenbarungsvorstellungen im Alten Israel« hat dazu beigetragen, diese Auffassung zu untermauern. Dass ich später davon abgerückt bin, steht in Zusammenhang mit den lebensgeschichtlichen und theologischen Erfahrungen, von denen noch die Rede sein wird.[8]

---

7 Wolfhart Pannenberg (Hg.) in Verbindung mit Rolf Rendtorff, Trutz Rendtorff, Ulrich Wilckens, Offenbarung als Geschichte, Göttingen 1961 (^{5}1982).
8 Vgl. meinen Aufsatz Offenbarung und Geschichte. Partikularismus und Universalismus im Offenbarungsverständnis Israels, in: Jakob J. Petuchowski und Walter Strolz (Hg.), Offenbarung im jüdischen und christlichen Glaubensverständnis, Freiburg 1981, 37–49 (auch in meinem Sammelband »Kanon und Theologie«, Neukirchen-Vluyn 1991, 113–122).

6. Erste Dozenten- und Professorenjahre (1951–1963)

Wieder Göttingen

Trotz all der Ereignisse dieser Heidelberger Jahre blieb natürlich die Arbeit an der Habilitationsschrift im Vordergrund. Ich hatte mit von Rad eine Fortführung und Ausweitung des Themas der Dissertation vereinbart, bei der nun nicht so sehr die formalen Aspekte der Texte im Vordergrund stehen sollten, sondern inhaltliche Fragen, bezogen auf einen bestimmten Ausschnitt der pentateuchischen Gesetze: die Opfer. Das Thema lautete also: Studien zur Geschichte des Opfers im Alten Israel.

Die Zeit war knapp, und zudem war noch gänzlich unklar, was nach dem Ablauf des Habilitationsstipendiums werden sollte. Aber wieder fügten sich die Dinge glücklich: In Göttingen gab es aus einem Fond der »Klosterkammer« (der Verwaltung säkularisierter Klosterbesitztümer) eine Vergütung für einen Dozenten im Fach Altes Testament, und gerade jetzt bekam der bisherige Empfänger, Arnulf Kuschke, das Angebot einer Planstelle als Repetent in Tübingen, so dass in Göttingen ein Nachfolger gesucht wurde. Diese »Stelle« (die eigentlich keine war) war mit der Verpflichtung zur Abhaltung der hebräischen Sprachkurse verbunden, sowie von Übungen für »Religionsphilologen«, d.h. für Studenten, die Theologie nicht im Hauptfach studieren, sondern als Beifach in einem Studium in der Philosophischen Fakultät mit dem Berufsziel des Religionslehrers; diese Gruppe von Studenten ist nicht verpflichtet, Hebräisch zu lernen, und kann nur begrenzte Studienzeit auf theologische Themen verwenden, so dass für sie Sonderveranstaltungen angeboten werden.

Der damalige Göttinger Alttestamentler Walther Zimmerli bot mir diese Stelle an. So ging ich zum Wintersemester 1952/53 nach Göttingen und schrieb dort unter abenteuerlichen Umständen meine Habilitationsschrift zu Ende. Tante Elli, die Schwester meiner Mutter, bewohnte in Göttingen noch immer das Haus in der Wöhlerstraße, in dem sie schon gemeinsam als Kinder gewohnt hatten. Dort gab es eine

Kammer, in der gerade Platz für ein ziemlich kurzes Bett und einen kleinen Tisch zum Schreiben (»Schreibtisch« wäre zu viel gesagt) war. Da saß ich und schrieb abends und nachts am letzten Kapitel der Arbeit, während ich tagsüber die fertigen Teile in einem privaten Schreibbüro diktierte. Aber ich wurde rechtzeitig fertig, so dass zu Beginn des Sommersemesters die Habilitation zum Abschluss gebracht werden konnte.

Parallel dazu hatte ich auch schon mit der Wahrnehmung meiner Lehraufgaben begonnen. Zu den schon genannten Aufgaben kam jetzt die Abhaltung des alttestamentlichen Proseminars hinzu (für »Volltheologen«, mit Hebräisch). Zudem wollte ich natürlich meine frisch erworbene Qualifikation als »Privatdozent« nutzen, um Vorlesungen zu halten. (Ich begann mit dem Propheten Amos.) Das summierte sich zu 12 Wochenstunden; in einem späteren Semester habe ich es einmal auf 14 Stunden erhöht, indem ich noch einen Kurs in Biblisch-Aramäisch abhielt. Der Hebräischunterricht fiel mir jetzt von Semester zu Semester leichter, zumal es inzwischen ein neues Lehrbuch gab, das pädagogisch sehr viel angemessener und besser zu gebrauchen war.[9] Und durch den ständigen Umgang mit dem Hebräischen in den Lehrveranstaltungen war die Sprache viel mehr eingebettet in das, womit ich mich sonst beschäftigte.

Inzwischen hatte es Verhandlungen über den Druck meiner Dissertation gegeben. Die Veröffentlichung im Druck war damals keineswegs selbstverständlich, und da die neueren Vervielfältigungsverfahren noch unbekannt waren, blieben viele Dissertationen für die Öffentlichkeit unzugänglich. (Sie werden bis heute mit dem schamhaften Zusatz »Masch.« zitiert.) So war es für mich ein höchst erfreuliches Angebot, dass die Arbeit in der renommierten Reihe »Forschungen zur Religion und Literatur des Alten und Neuen Testaments« im Verlag Vandenhoeck & Ruprecht erscheinen sollte. Ich hatte die Arbeit auf Anraten von Gerhard von Rad noch einmal gründlich neu formuliert und leserfreundlicher gemacht. Von Rad hatte mir geschrieben: »Sonst sind wir Gutachter Ihre letzten Leser.« Jetzt war das Problem die Herstellung der Druckvorlage im Blick auf die umfangeichen hebräischen Zitate. Die Kosten der von der DFG geförderten Arbeit sollten möglichst niedrig gehalten werden, und es entstand der Plan einer professionell mit der

---

9   Oskar Grether, Hebräische Grammatik für den akademischen Unterricht, 1951.

Schreibmaschine geschriebenen Vorlage des deutschen Textes, in die ich selbst in die dafür freigelassenen Zwischenräume die hebräischen Texte einfügen sollte. Im Heidelberger Theologischen Seminar existierte eine hebräische Schreibmaschine, was damals eine Seltenheit war. Ich durfte sie ausleihen und nach Göttingen mitnehmen. Dort habe ich dann diese mühevolle Kleinarbeit vollzogen. Immerhin hat die Arbeit in dieser wenig eindrucksvollen äußeren Form sogar ein zweite Auflage erreicht.

Die Göttinger Jahre waren eine Zeit der Entfaltung. Das gilt zunächst im Blick auf das Fach. Ich höre gelegentlich Leute sagen, unser Fach sei ja leicht überschaubar, denn wir hätten es nur mit *einem* Buch zu tun. Dieses Buch ist allerdings, aus der Nähe betrachtet, eine Bibliothek von Texten höchst verschiedener literarischer und theologischer Art aus höchst verschiedenen Zeiten und mit einer jeweils höchst unterschiedlichen Umwelt. Sich da hineinzuarbeiten, ist geradezu ein Abenteuer. Wenn man es in Zusammenhang mit Lehrveranstaltungen tut, bekommt es noch einmal seinen besonderen Charakter. Ich habe dies sehr bewusst, sozusagen Tag für Tag erlebt. (In diesen Jahren habe ich übrigens auch den Segen eines kurzen Mittagsschlafs kennen gelernt.)

Zur Entfaltung gehörte auch der Schritt in die Öffentlichkeit. Meine ersten Veröffentlichungen gingen aus den Vorträgen im Rahmen des Habilitationsverfahrens hervor. Im Kolloquium vor der Fakultät hatte ich über »Gottesspruchformeln in den Prophetenbüchern« gesprochen, woraus ein spezieller Teilaspekt dann zu meiner ersten wissenschaftlichen Veröffentlichung wurde mit dem (zugegebenermaßen nicht sehr öffentlichkeitswirksamen) Titel »Zum Gebrauch der Formel *n^e'um jahwe* im Jeremiabuch«.[10] Weiter gespannt war dann das Thema meiner öffentlichen Antrittsvorlesung, deren bearbeitete Form unter dem Titel »Die theologische Stellung des Schöpfungsglaubens bei Deuterojesaja« im gleichen Jahr (1954) erschien.[11] Auch meine Dissertation über »Die Gesetze in der Priesterschrift« erschien in diesem Jahr.[12] Diese drei Titel lassen meine Versuche erkennen, in die verschiedenen Abteilungen der »Bibliothek« Altes Testament vorzudringen. Aus dieser Frühzeit füge

---

10 Zeitschrift für die alttestamentliche Wissenschaft 66, 1954, 27–37.
11 Zeitschrift für Theologie und Kirche 51, 1954, 3–13.
12 Die Gesetze in der Priesterschrift. Eine gattungsgeschichtliche Untersuchung, Göttingen 1954.

ich noch hinzu den Forschungsbericht »Der Kultus im Alten Israel« (1956).[13]

Die Veröffentlichung meiner Habilitationsschrift ließ allerdings sehr lange auf sich warten. Es wurde dann ein ganz neues Buch unter Zugrundelegung des in der Habilitationsschrift Erarbeiteten und Dargelegten: »Studien zur Geschichte des Opfers im Alten Israel« (1967!). Der Blick auf meine Veröffentlichungen lässt jedoch einen nicht unwesentlichen Grund für diese Verzögerung erkennen: Inzwischen waren drei »Bücher« , d.h. selbständige Veröffentlichungen von mir erschienen, die sich an einen weiteren Leserkreis richteten. Das »Sonntagsblatt«, zu jener Zeit eine kirchlich-theologische Wochenzeitung mit großer Resonanz, hatte mich eingeladen zu einer Artikelserie, in der ich in 22 Beiträgen durch das ganze Jahr 1955 hindurch aus der »Werkstatt« des alttestamentlichen Theologen berichtete, was dann 1959 als kleines Buch unter dem Titel »Das Werden des Alten Testaments« erschien. In ähnlicher Weise aus Anregungen von Verlagen entstanden ein »Stundenbuch« mit dem Titel »Gottes Geschichte. Der Anfang unseres Weges im Alten Testament« (1962) und das Buch »Väter, Könige, Propheten: Gestalten des Alten Testaments« (1967). Übrigens fanden diese kleinen Bücher auch außerhalb des deutschen Sprachraums Interesse; so gab es Übersetzungen ins Englische, Italienische, Portugiesische, Niederländische und Japanische.

Diese Ausflüge in das Feld der »gemeinverständlichen« Bibelauslegung bildeten einen weiteren Teilaspekt dessen, was ich »Entfaltung« genannt habe. Dazu kamen jetzt auch Einladungen zu Vorträgen, teils im mehr fachbezogenen Rahmen von Pastoralkollegs u.ä., teils in Gemeindekreisen verschiedenster Art. So erweiterte sich auch äußerlich gesehen der Horizont, vor allem aber der Erfahrungshorizont. Dazu kam das Hineinwachsen in das akademische Leben, in dem ich mich mehr und mehr als zugehörig erlebte. Die Pausengespräche der Professoren (überwiegend Juristen) im Dozentenzimmer des Hörsaalgebäudes, bei denen ich meistens nur aufmerksamer Zuhörer war, sind mir in deutlicher Erinnerung. So fühlte ich mich als Teilnehmer und Mitglied eines größeren Ganzen, das durch zwei Pole bestimmt war: Universität

---

13 In: Jahrbuch für Liturgik und Hymnologie 2, 1956, 1–21. Diese drei Titel erschienen dann auch in meiner ersten Aufsatzsammlung »Gesammelte Studien zum Alten Testament«, München 1975, dort S. 256–266; 209–219; 89–109.

und Kirche, beide als Teilbereiche oder Teilaspekte der Gesellschaft, in der wir lebten.

In diese Zeit fällt auch meine »Berufung« in den »Neukirchener Kreis«. Der Verlag des Neukirchener Erziehungsvereins (jetzt: Neukirchener Verlag) hatte sich 1952 zu einem für damalige Verhältnisse kühnen Unternehmen entschlossen, nämlich einen ausführlichen, zugleich wissenschaftlichen und theologischen Kommentar zum Alten Testament herauszubringen. Der Verlag selbst hatte keinerlei Erfahrungen auf diesem Gebiet; er hatte sich aber davon überzeugen lassen, dass ein solcher Kommentar in der damaligen theologischen und kirchlichen Situation nötig sei, und er wurde dabei von führenden Alttestamentlern beraten. So wurde dieses Kommentarwerk unter der Federführung von Martin Noth gemeinsam mit Gerhard von Rad, Walther Zimmerli, Hans Walter Wolff und Hans-Joachim Kraus ins Leben gerufen.

Ein für alle Beteiligten wesentliches Element war der gegenseitige Austausch bei den zweimal jährlichen Zusammenkünften in den Räumen des Verlages. Zu diesen Zusammenkünften wurden dann auch die nach und nach hinzu gebetenen Mitarbeiter eingeladen, darunter auch als Angehörige der nächsten Generation Klaus Koch und ich. Mir wurde, wie zu erwarten war, die Auslegung des Buches Leviticus übertragen. Es ist kein Ruhmesblatt, dass es bis zum Jahr 1985 gedauert hat, bis die erste, 80 Seiten umfassende Lieferung des Kommentars erschien. Ich will dabei auch nicht als Ausrede gebrauchen, dass Gerhard von Rad selbst in dieser Reihe nichts veröffentlicht hat. Er war von Anfang an skeptisch gegenüber diesem Plan wegen der damit verbundenen langfristigen Bindung der Arbeitskapazitäten, aber er hatte sich von der sachlichen Notwendigkeit dieses Kommentarwerks überzeugen lassen und deshalb seinen Namen dafür zur Verfügung gestellt – und nicht zuletzt seine regelmäßige Anwesenheit bei den Zusammenkünften. Für mich selbst waren diese Begegnungen von kaum zu überschätzender Bedeutung. Hier konnten wir jeweils mehrere Tage lang die Vorträge unserer Lehrer anhören, die oft exegetische Einzelfragen betrafen, die dann gemeinsam am Text erörtert wurden. Dabei konnten wird uns auch selbst schon in das Gespräch mit einbringen.

Unsere konkreten Lebensumstände im akademischen Bereich änderten sich noch mehrfach während der Göttinger Zeit. Zunächst hatte ich das Glück, eine planmäßige Assistentenstelle zu bekommen – meine erste feste Anstellung, ein Jahr nach der Habilitation! Das bedeutete für die Familie größere Sicherheit – und auch etwas mehr Geld. Andererseits bedeutete es vermehrte Arbeit, da mein »Chef« Walther Zimmerli Wert darauf legte, dass sein Assistent regelmäßig zur Stelle war und entsprechende Arbeiten für ihn verrichtete. So habe ich in den ersten Lieferungen des Ezechiel-Kommentars die Korrekturen gelesen; dabei war eine meiner Aufgaben, den Buchstaben »ß« einzusetzen, da dieser für Zimmerli in seiner Schweizer Rechtschreibtradition nicht existierte. Auch das nachträglich eingelegte Stellenregister seines Buches »Erkenntnis Gottes nach dem Buche Ezechiel« stammt von mir (ohne dass sich darauf ein Hinweis findet). Zwei Jahre später wurde ich dann zum »Dozenten« ernannt und konnte mich nun ganz den damit bezeichneten (wie beschrieben, recht umfangreichen) Aufgaben widmen.

Allerdings doch nicht ganz. Inzwischen hatte sich noch eine auch für die Familie folgenreiche Veränderung ergeben. Die Bremische Evangelische Kirche unterhält in Göttingen ein Studentenheim, das »Bremer Studienhaus« am Nikolausberger Weg. Es war ursprünglich für Bremer Theologiestudenten gedacht, denn Göttingen war von Bremen aus die nächstgelegene Universität, an der man Theologie studieren konnte; inzwischen bestand die Bewohnerschaft je zur Hälfte aus Theologen und Studenten anderer Fächer. Das Haus wird jeweils von einem Mitglied der Theologischen Fakultät nebenamtlich geleitet. Diese Aufgabe wurde frei und wurde mir übertragen. So konnten wir »mit Kind und Kegel« dort einziehen. Inzwischen war unsere Kinderzahl auf drei gewachsen. Als Klaus geboren wurde, sagte der Göttinger Gynäkologe Martius mit leicht ironischem Lächeln zu Helge: »Gnädige Frau, wollen Sie in jeder deutschen Universitätsstadt ein Kind zur Welt bringen?« Es blieb dann aber mit Christians Geburt in Berlin bei vier Universitätsstädten.

Im Bremer Studienhaus erlebten wir drei schöne, interessante Jahre im Kreis der Studenten. Wir teilten deren Leben, auch die Kinder entwickelten ihre Beziehungen zu ihnen. Wir gestalteten gemeinsam ein vielfältiges Leben, einerseits mit regelmäßigen Andachten und gelegentlichen gemeinsamen Wanderungen zum Gottesdienst in ein benachbartes Dorf, wo ein gern gehörter Prediger amtierte, oder auch mit gemeinsamen Fahrten (mit gemietetem Auto) in den Harz, andererseits mit halbe Nächte langem Skatspielen (nicht ohne das nötige Bier), Tischtenniswettkämpfen im Haus, Handballspielen gegen andere studentische Gruppen (damals spielte man noch Feldhandball!) und vielem anderen, und vor allem als Höhepunkt einem Hausfest in jedem

Semester, bei dem das Haus buchstäblich auf den Kopf gestellt wurde. Es war eine unvergessliche und bis heute unvergessene Zeit.

Eine eher kuriose Erinnerung tauchte jetzt auf: Wir hatten ein Auto gemietet, in dem sogar ein Radio eingebaut war. Es war der Tag, der jetzt als »das Wunder von Bern« gefeiert wurde. Wir hatten das Radio eingeschaltet, und wir kamen gerade nach Göttingen zurück, als das entscheidende Tor fiel. Martin Hüneke, der neben mir saß, kurbelte das Fenster herunter und brüllte den Passanten zu »Wir haben gewonnen! Wir haben gewonnen!« Ich kann mich nicht erinnern, jemals wieder so von einem Fußballspiel enthusiasmiert gewesen zu sein.

Die Schilderung der Zeit in Göttingen wäre unvollständig ohne Erwähnung des Theaters. Heinz Hilpert hatte dort das »Deutsche Theater« gegründet, ein reines Schauspieltheater ohne musikalischen Bereich, das sich dementsprechend auf die Qualität der Schauspieler konzentrieren konnte. Aber vor allem war es natürlich Hilpert selbst, der dem ganzen sein Profil gab. Die Eintrittskarten kosteten 2,50 DM, so dass wir uns das immer mal leisten konnten, auch die Studenten. Ich nehme an, dass wir in manchen Spielzeiten das gesamte Programm gesehen haben. Wir kannten auch die Schauspieler, man traf sie in der Stadt, zumal das Bremer Studienhaus ganz in der Nähe des Theaters lag, wo unser täglicher Weg in die Stadt uns vorbeiführte. Vor allem Titel von Stücken tauchen in der Erinnerung auf, verbunden mit den Gesichtern und Stimmen der Schauspieler: »Mein Freund Harvey«, »Alpenkönig und Menschenfeind«, »Des Teufels General«, »Geschichten aus dem Wienerwald« usw., usw. Das Theater spielte ganz überwiegend moderne Stücke, nur gelegentlich mal einen Klassiker. Ich erinnere mich an ein Stück von Schiller und an eins von Shakespeare, die bei uns aber keine besondere Begeisterung hervorrufen. Das war nicht der Stil dieses Theaters.

Noch in Göttingen erreichte mich die Einladung zur Teilnahme am »Lehrkursus« des Deutschen Palästina-Instituts (genauer: Deutsches Evangelisches Institut für Altertumswissenschaft des Heiligen Landes) für das Jahr 1958. Der Kursus musste »wegen politischer Unruhen im vorderen Orient« kurzfristig abgesagt werden. (Ich behandle diese Reise trotzdem hier.) Für 1959 wurde dann aber ein Kursus mit doppelter Teilnehmerzahl veranstaltet, der mit zwei institutseigenen VW-Bussen von Ende Juli bis Ende Oktober 1959 über den Balkan, die Türkei und Syrien nach Jordanien reiste. Das »Land der Bibel« einschließlich des biblischen Jerusalem war damals jordanisch. Für die klassische alttestamentliche Wissenschaft spielte aber die politische Zugehörigkeit des Landes nur insoweit eine Rolle, als sie unsere Bewegungsfreiheit einschränkte.

Das Land hieß für uns wie selbstverständlich »Palästina«. Der Name bedeutet ursprünglich »Philisterland«. Er war von den Römern nach dem jüdischen Aufstand 132–135 an die Stelle der Provinzbezeichnung *Judaea* gesetzt worden. Später wurde er dann in einem weiteren Sinne für das ganze Gebiet gebraucht, in dem sich die Geschichte des Volkes Israel abgespielt hat, ein Sprachgebrauch, der auch heute noch vielfach verwendet wird. Schließlich diente der Name *Palestine* von 1920–1948 als offizielle Bezeichnung des britischen Mandatsgebiets, galt somit auch für jüdische Bewohner dieses Gebiets. Nachdem die arabischen Länder den Teilungsbeschluss der Vereinten Nationen vom November 1947 abgelehnt hatten, kam es zum Krieg und zur Gründung des Staates Israel im Mai 1948. Die nicht zu Israel gehörigen Gebiete wurden später von Jordanien annektiert.

Das war der Stand der Dinge zum Zeitpunkt unserer Reise von 1959. Nachdem wir in der Türkei und in Syrien mancherlei Historisches und Archäologisches besichtigt hatten, nahmen wir zunächst in Amman Quartier für einige Exkursionen im Ostjordanland und dann für einen Monat in Jerusalem. Unsere Ankunft in Jerusalem war ganz anders, als sie der heutige Reisende in der Regel erlebt. Wir kamen auf dem Landweg, und das heißt: von Osten her; so hatten wir als erstes den Blick von den umgebenden Bergen hinunter auf die Altstadt. Dadurch erlebten wir höchst anschaulich, dass Jerusalem nicht »hoch gebaut« ist, sondern dass der Psalmist treffender sagt: »Berge sind rings um Jerusalem her« (Ps 125,2). Wir hatten von dort aus einen sehr eindrucksvollen Blick auf den Tempelplatz und die umgebende Altstadt, in der wir dann für die nächsten Wochen Quartier bezogen, um Exkursionen in das Land – soweit es uns zugänglich war – zu unternehmen.

In Jerusalem wohnten wir im Petra-Hotel, einem kleinen Hotel unmittelbar am Jaffa-Tor, wo damals das jordanische Gebiet endete. Über die Mauer konnten wir nach Israel hinüberblicken. In Erinnerung geblieben sind mir vor allem die israelischen Fahnen auf dem King David Hotel und anderen Gebäuden. Aber das war für uns eine fremde Welt. Sie war geradezu mit einem Tabu belegt. Nach der Devise unseres Kursusleiters Arnulf Kuschke galt dies für die arabischen Länder insgesamt. So waren wir angewiesen, keine Bücher oder Landkarten mit hebräischen Schriftzeichen im Gepäck mitzuführen – einschließlich unserer hebräischen Bibeln! Wir könnten ja dann alles in Jerusalem im Institut benutzen. Ich fand das zwar ein bisschen übertrieben, muss aber zugeben, dass es mich nicht weiter gestört hat. Israel war für uns damals sehr fern. Das sollte sich für mich erst im Jahr 1963 ändern.

Die Monate dieser Reise haben eine Fülle von Eindrücken und Erinnerungen hinterlassen. Das Land ist mir seither beim Umgang mit alttestamentlichen Texten immer in Gedanken präsent. Da die Kursusteilnehmer gehalten waren, den Ertrag der Reise in einem wissenschaftlichen Aufsatz zu dokumentieren, gibt es in meiner Bibliographie sogar einen Titel zur historischen Geographie Palästinas, genauer: zur Lage eines im Alten Testament genannten Ortes.[14] Besondere Höhepunkte gab es in mehrfacher Hinsicht auf der Rückfahrt, bei der wir im Libanon und dann vor allem in der Türkei noch höchst interessante Dinge zu sehen bekamen. Da war zunächst der Besuch auf dem *ras esch-schamra*, dem Ort des antiken Ugarit; die dort gefundenen Texte haben mich später oft beschäftigt. Dann sind mir vor allem die Hethiterstätten in und um Boðazköy mit dem Felsheiligtum Yazilikaya sowie die spätethitisch-phönizischen Ausgrabungen und Inschriften von Karatepe in lebhafter Erinnerung. Nach dieser Reise habe ich eine zeitlang erwogen, mich stärker auf dieses Gebiet zu konzentrieren. Herr Kuschke hatte mich gefragt, ob ich u.U. nach einigen Jahren seine Nachfolge in der Leitung der Lehrkurse übernehmen wollte. Das war verbunden mit dem Gedanken, als Volontär für eine Ausgrabungskampagne nach Ugarit zu gehen. Das hätte mich alles sehr gereizt; aber es war wohl vor allem der Reiz der Neuheit, und mir wurde bald klar, dass die jährlich dreimonatigen Lehrkurse mit Vorbereitung und Nacharbeit – u.a. einem ausführlichen wissenschaftlichen Bericht in der Zeitschrift des Palästina-Vereins – für viele Jahre meine volle Arbeitskraft in Anspruch nehmen würden. Ich hatte aber durchaus noch andere Pläne. So ließ ich diesen Gedanken wieder fallen.

---

14 Zur Lage von Jaser, in: Zeitschrift des Deutschen Palästina-Vereins 76, 1960, 124–135. Besonders stolz war ich darauf, dass Martin Noth meine Lokalisierung in seinem Standardwerk »Die Welt des Alten Testaments« zustimmend (mit dem Zusatz »vermutlich«) aufgenommen hat (4. Auflage, Berlin 1962, S. 68).

Berlin

So schön die Göttinger Zeit war, ich lebte je länger je mehr in dem Bewusstsein, dass die Zeit als Privatdozent (oder auch als beamteter Dozent) eine Übergangszeit war, und hoffte auf eine Änderung. Nach der entsprechenden Zahl von Dozentenjahren stand die Ernennung zum »außerplanmäßigen Professor« bevor, und das wäre mir als ein Scheitern erschienen, als eine Art Nachweis der Nichtberufbarkeit. Aber man konnte selbst nichts tun, denn das Phänomen der »Bewerbung« war noch unbekannt; man musste warten. Doch dann ergab sich eine Chance: An der Kirchlichen Hochschule Berlin war eine Professur für Altes Testament zu besetzen, und ich hatte das Glück, zum Sommersemester 1958 dorthin berufen zu werden.

Hier muss ich etwas sagen zur Lage in Berlin damals und zu der besonderen Lage der Kirchlichen Hochschule. Die KiHo war bewusst nicht in die Freie Universität integriert worden. Die FU war ja im Westsektor der Stadt gegründet worden als Alternative zur HumboldtUniversität, die im Ostsektor lag. Sie war ausdrücklich als Gegengründung gegen die Humboldt-Universität entstanden und wurde dementsprechend auch von der DDR als Gegenuniversität empfunden. Deshalb hatte man sich mit der Kirchlichen Hochschule dort nicht als Theologische Fakultät angeschlossen, um nach Osten hin offen zu bleiben. Dies war auch in einem hohen Maße erreicht worden. Berlin war ja damals offen; es gab die Mauer nicht, und es war auch für die Bewohner beider Stadthälften nicht verboten, hin- und herzugehen. Die Studenten der Kirchlichen Hochschule Berlin waren zu einem beträchtlichen Prozentsatz Bürger Ostberlins und der DDR. Die Hochschule hatte in Ostberlin auch eine Außenstelle, das Sprachenkonvikt in der Borsigstraße, und wir haben damals ganz bewusst die Kirchliche Hochschule als eine Einrichtung betrachtet, die in Ost und Westberlin tätig war, und haben deshalb einen Teil unserer Lehrveranstaltungen in dieser Ostberliner Dependance gehalten. Ich selbst habe mindestens in jedem zweiten Semester, zeitweilig sogar in jedem Semester, eine Lehrveranstaltung in Ostberlin in der Borsigstraße gehalten. Auch die westlichen Studenten machten das mit und gingen bereitwillig zu diesen Lehrveranstaltungen nach Ostberlin. Man fuhr mit der SBahn schnell und billig hin, beides war gut zu erreichen. Und wenn ich mit dem Auto fuhr, dann konnte ich mühelos über den Potsdamer Platz oder durch das Brandenburger Tor fahren, d.h. wir lebten wirklich in beiden Teilen der Stadt. Wir gingen auch ganz selbstverständlich ins BrechtTheater am Schiffbauer Damm; dort haben wir noch Helene Weigel als Mutter Courage erlebt.

Das prägte natürlich stark die politische Einstellung. Es gab damals in Berlin eine ausgeprägte Frontstadt-Mentalität, die auch sehr begreiflich ist, wenn man an die Zeit der Blockade, der Luftbrücke usw. zurückdenkt. Viele Berliner lebten mit dieser Frontstadt-Mentalität, viele Westberliner gingen nie nach Ostberlin, während das für uns selbstverständlich war. Ich habe dort zum ersten Mal Menschen getroffen, welche die frühere »Ostzone« oder »sowjetische Besatzungszone« als »DDR« bezeichneten. Ich glaube, dass in den Westberliner Kreisen der Berlin-Brandenburgischen Kirche, die damals noch eine Einheit war (wie sie es heute wieder ist), zuerst der Sprachgebrauch »DDR« auch im Munde von Westlern aufkam. Um die Einheit der BerlinBrandenburgischen Kirche in Ost und Westberlin mit der Provinz Brandenburg wahren zu können, vermied man ganz bewusst alles, was politisch hätte Anstoß geben können, und bezeichnete die DDR so, wie sie sich selbst bezeichnete. Das gab eine völlig andere Einstellung zu vielen politischen Problemen. Dazu kommt, dass die Kirchliche Hochschule von den Personen her von einem eher, sagen wir sozialdemokratisch geprägten politischen Bewusstsein getragen war, wenn ich etwa einen Mann wie Helmut Gollwitzer nenne, der damals dazugehörte. (Er war im Hauptamt Professor an der Freien Universität, aber zugleich Mitglied des Lehrkörpers der KiHo.) Ich glaube nicht, dass er je Mitglied der Sozialdemokratischen Partei gewesen ist, aber jedenfalls dachte er in diese Richtung, wie auch seine Freundschaft mit Gustav Heinemann und Heinrich Albertz zeigte. Ich kam dagegen aus einem Milieu, das viel stärker von einer konservativen, eher CDU-nahen Tradition geprägt war. Ich bin eigentlich erst in der Berliner Zeit überhaupt zu einer eigenen Auseinandersetzung mit politischen Problemen gekommen.

Als dann 1961 die Mauer gebaut wurde, war das für uns einerseits ein großer Konflikt, weil wir uns in diese Frontstadtsituation nicht hineinziehen lassen wollten, andererseits aber auch ein Anstoß, politisch weiterzudenken, sich weiter mit den Dingen auseinander zu setzen und weiterhin, so gut man konnte, die Verbindungen nach drüben aufrechtzuerhalten. Wir gehörten sicherlich zu denjenigen, die am stärksten unmittelbar betroffen waren, weil ja ein Teil unseres Lebens als Hochschule abgeschnitten war. Die Tage des Mauerbaus selbst und unmittelbar danach waren von einer hohen Dramatik, weil es eine

Menge von Einzelschicksalen gab, die daran hingen. Am Anfang gab es eine kurze Zeit von wenigen Tagen oder Wochen, in denen es Westberlinern noch erlaubt war, mit ihrem Westberliner Personalausweis ohne Passierschein nach Ostberlin zu gehen. In dieser Zeit war es relativ einfach, jemanden aus Ostberlin mit Hilfe eines Westberliner Ausweises nach Westberlin zu bringen. Dabei hat es einige sehr dramatische Unternehmungen gegeben, bei denen Kollegen oder ältere Studenten aus Ostberlin rübergebracht wurden. Der Lehrkörper unserer Hochschule bestand ja z.T. aus DDRBürgern, die in Ostberlin wohnten. Einer von ihnen, ein Junggeselle, der keine Familienrücksichten nehmen musste, war zufällig im Westen, als die Mauer gebaut wurde. Er blieb hier, aber nun waren unsere Studenten bemüht, soviel wie möglich von seinen Sachen rüberzubringen, Bücher, Kleidung, Geld, alles natürlich auf illegale Weise. Das hatte ein Element von Abenteuer, und es war für uns außerordentlich dramatisch zu sehen, wie das nun weiterging. Es gab noch andere Fälle, z.B. einer unserer Doktoranden saß plötzlich drüben abgeschnitten. Wir konnten nicht hin und haben ihm dann sozusagen durch die Mauer hindurch, oder über die Mauer hinweg, zu seiner Doktorprüfung verholfen, indem Kollegen aus dem Berliner Kollegium, die noch einen westdeutschen Ausweis hatten, mit Passierschein rüber gegangen sind und drüben die Prüfung abgehalten haben. Er kam übrigens später noch auf irgendeinem Wege heraus und ist inzwischen (emeritierter) Professor an einer Universität in der Bundesrepublik.

All diese Vorgänge prägten diese erste Zeit, und wir haben alles getan, was wir tun konnten, um denen drüben die Fortsetzung der Arbeit zu ermöglichen. Ein kleiner Stamm von Dozenten und Assistenten war drüben, und sie haben den Lehrbetrieb für die Ostberliner Studenten weitergeführt. Insofern haben wir das sehr stark aus der Perspektive des Auseinandergerissenwerdens und des Sich-dagegen-Wehrens erlebt. Wir konnten natürlich nicht verhindern, dass der Graben tiefer wurde, dass die Möglichkeiten, hinüber und herüber zu kommen, geringer wurden, und dass wir von diesem Tage an eine rein Westberliner Institution geworden waren. Ich habe schon von der Hochschule gesprochen und habe dabei auch ein Stück von dem Leben in der Stadt genannt, dieses DurchdasBrandenburgerTorGehen. Es gab damals von der Bundesrepublik aus – ich hätte fast gesagt, von Westdeutschland aus, denn das war ja die Berliner Ausdrucksweise – eine Kampagne »Macht das Tor auf«, bei der man sich Anstecknadeln mit dem Brandenburger Tor ansteckte. Das haben wir in Berlin immer als albern empfunden, denn das Tor war ja offen. Vor dem Mauerbau konnte man durchgehen, aber viele, die nach Westberlin zu Besuch kamen, hatten nicht den Mut. Für uns war es eine Selbstverständlichkeit, wobei es auch immer ein bisschen ein Spiel am Rande der Legalität war, Dinge im Kofferraum rüberzutransportieren, von denen man nicht genau wusste, was die Volkspolizisten sagen würden, wenn sie es sehen würden, z.B. Lebensmittel für das Sprachenkonvikt oder Bücher für die Bibliothek. Aber das alles war nicht besonders spannend, sondern eigentlich selbstverständlich. Insofern habe ich die Stadt als eine zwar geteilte, aber nicht getrennte Stadt erlebt. Mir waren etliche westliche Stadtteile viel weniger vertraut als jedenfalls das Zentrum Ostberlins. Manchmal sind wir auch an die Ostberliner Seen zum Baden gefahren. Aber das war nun alles vorbei.

7. Jahre des Umbruchs (1963ff)

Mein akademischer Weg verlief weiterhin geradlinig und relativ erfolgreich. Meine Bibliographie zeigt, dass ich in diesen Jahren eine Reihe von Aufsätzen veröffentlicht habe. Gerhard von Rad schrieb einmal in einem Brief von meiner »fleißigen Feder«. (Ich war mir nicht ganz klar darüber, ob darin nicht auch ein Element der Kritik an meiner Vielschreiberei lag.) Einige der Texte stehen in deutlichem Zusammenhang mit der Arbeit des »Kreises«,[15] so z.B. meine Antrittsrede als Rektor der Kirchlichen Hochschule »Die Entstehung der israelitischen Religion als religionsgeschichtliches und theologisches Problem«.[16] Daneben finden sich Ansätze einer Kritik an der sich damals verstärkenden Tendenz zur Spätdatierung alttestamentlicher Texte, so z.B. »Erwägungen zur Frühgeschichte des Prophetentums in Israel«.[17]

Für das Studienjahr 1962/63 wurde ich zum Rektor der Kirchlichen Hochschule gewählt. Das brachte eine gewisse Nähe zu politischen Vorgängen mit sich und auch persönliche Begegnungen, z.B. mit Willy Brandt. Im Frühjahr 1963 erhielt ich dann einen Ruf an die Universität Heidelberg. Die damalige Hochschulsituation brachte es mit sich, dass eine dritte Professur für Altes Testament eingerichtet wurde, auf die ich nun, neben Gerhard von Rad und Claus Westermann, berufen wurde. Darin lag, neben vielem anderen, ein geradezu dramatischer Generationswechsel. Die bisherigen Lehrstuhlinhaber waren fast ausnahmslos zwanzig bis fünfundzwanzig Jahre älter als ich. Der Kontakt war allerdings nicht problematisch, weil ich ja in dieser Fakultät promoviert und einige Jahre als Lehrbeauftragter gewirkt hatte. Die älteren Kollegen überließen mir – und dem zur gleichen Zeit berufenen Heinz-Eduard Tödt, der allerdings wesentlich älter war auf Grund seiner langjährigen russischen Kriegsgefangenschaft – die Verwaltungsarbeit mit Dekanat und Planungen für die Renovierung und den Ausbau des uns

---

15 S.o. S. 62.
16 Theologische Literaturzeitung 88, 1963, 735–746; auch in: Gesammelte Studien (s. Anm. 13), 119–136.
17 Zeitschrift für Theologie und Kirche 59, 1962, 145–167; auch in: Gesammelte Studien, 220–242.

zur Verfügung gestellten Seminargebäudes. Für mich war der Übergang aus dem fachlich und personell begrenzten Rahmen der Kirchlichen Hochschule Berlin in den weiten Raum einer großen »westdeutschen« Universität ein weiterer Schritt der Entfaltung.

Israel: Eintritt in eine neue Welt

Es waren aber andere Ereignisse, die in den Jahren 1963/64 mein Leben stark beeinflusst und, auf Dauer gesehen, tief greifend verändert haben. Anfang der sechziger Jahre entstand unter der Studentenschaft ein starkes Interesse an Israel. Es wurden deutsch-israelische Studiengruppen (DIS) gegründet, und auch an der Kirchlichen Hochschule bildete sich eine solche. Diese Gruppe plante 1963 eine Reise nach Israel; sie baten mich, ihnen ein wenig bei der Vorbereitung und Planung der Finanzierung zu helfen, und fragten schließlich, ob ich nicht mitfahren wollte. Damit ergab sich für mich die Möglichkeit, das Land der Bibel auch von der anderen Seite kennen zu lernen. Ich hatte ja schon 1959 beim Lehrkursus des Deutschen Palästinainstituts vom Balkon des Petra-Hotels in Jerusalem über die Sperrmauer hinweg in den israelischen Teil der Stadt hinübergeblickt und gedacht, dass man die andere Seite auch einmal kennen lernen sollte.[18]

In Jerusalem erlebte ich eine Überraschung: Wir waren über das Passahfest (nach der hebräischen Sprachtradition *Pesach*) in Jerusalem, und da wir keine Familieneinladung hatten, verbrachten wir den Vorabend, den *Erev Pesach*, gemeinsam in einem Restaurant. Am nächsten Tag spürte mich der Jerusalemer Bibelwissenschaftler Isac Seeligmann auf, dem ich brieflich meine geplante Reise angekündigt hatte, und sagte, er habe mich am Vortag gesucht, weil er mich zum Erev Pesach zu sich nach Hause einladen wollte. Er bedauerte sehr, dass ich diesen festlichen und für das jüdische Leben so wichtigen Abend in Jerusalem nicht in einer jüdischen Familie hatte verbringen können. Kaum in Jerusalem, hatte ich also schon die erste Einladung in ein jüdisches Haus. Noch dazu in das Haus eines Juden, der im Konzentrationslager Theresienstadt gewesen war.

Gerade dieser letzte Aspekt hat mich oft beschäftigt. Ich hatte Seeligmann bei einem Kongress kennen gelernt und war damals schon über-

---

18 S.o. S. 71.

rascht und beeindruckt von seiner Freundlichkeit mir gegenüber. Er kannte mein Alter, wusste auch, dass ich noch beim deutschen Militär gewesen war. Ich hätte also durchaus Wachmann in dem KZ sein können, in dem er als Häftling war. Aber ich habe weder von ihm noch von einem der anderen israelischen Kollegen, die ich im Lauf der Jahre kennen lernte, jemals ein Wort gehört, durch das ich als Deutscher als Angehöriger der »Tätergeneration« angesprochen worden wäre. Dabei hatten viele meiner Gesprächspartner biographisch einen deutschen oder deutschsprachigen Hintergrund; sie waren »Jeckes«, deren erste Sprache Deutsch gewesen war. Bei manchen der älteren Generation klang auch das Hebräisch noch sehr deutsch (oder wienerisch). Sie hatten also alle auf die eine oder andere Weise die Trennung von dem Deutschland oder dem deutschen Sprachraum erlebt, in dem sie geboren waren.

Für mich bedeutete diese Reise die Eröffnung ganz neuer Perspektiven, und zwar auf verschiedenen Ebenen. Die unmittelbaren persönlichen Begegnungen haben sich in den folgenden Jahren ganz erheblich ausgeweitet und den Charakter meiner Besuche in Israel, vor allem in Jerusalem, wesentlich mitbestimmt. Zu meinen wichtigsten Begegnungen gehört zweifellos die mit Gershom Scholem. Bei meinem ersten Besuch in Jerusalem gab es eine Gelegenheit, bei der Seeligmann mich Scholem vorstellte als einen »deutschen Alttestamentler«, worauf Scholem nur knurrte: »Na, wenigstens kein Neutestamentler!« Dem folgten aber im Lauf der Jahre wiederholte Einladungen in Scholems Wohnung in der Rechov Abarbanel in Rechaviah. Besonders eindrücklich ist mir eine Einladung zum Abendessen in Erinnerung, bei dem man im Esszimmer unter dem Original des ›Angelus Novus‹ von Paul Klee saß, das von Walter Benjamin auf dem Umweg über Adorno zu Scholem gelangt war. Über diesen Engel hat Scholem ja einen Aufsatz geschrieben.[19]

Wenige Straßen weiter wohnte Ernst Simon, mit dem ich auch viele Verbindungen und lange Gespräche hatte, im politischen wie im theologischen Bereich. Er nahm mich einmal mit in einen Freitagabend-Gottesdienst einer Studentengruppe, wo ich ein höchst temperamentvolles liturgisches Geschehen erlebte. Ein ähnliches Erlebnis hatte ich später, als mich Ze'ev Falk einmal in »seine« Synagoge mitnahm. Durch

---

19 Gershom Scholem, Walter Benjamin und sein Engel, in: Siegfried Unseld (Hg.), Zur Aktualität Walter Benjamins, Suhrkamp Taschenbuch 150, 1972, 87–138.

die Jahre hindurch wurde »meine« Synagoge die der Jerusalemer Gemeinde der Reconstructionists, der *Mewaksche derekh*, mit deren Leiter Jacob Cohen mich auch persönlich einiges verband. Hier durfte ich sogar einmal am Sabbat einen *debar tora*, eine Ansprache im unmittelbaren Anschluss an den liturgischen Ablauf des Gottesdienstes, halten, und zwar auf Hebräisch.

Ich hatte mich gleich nach meinem ersten Besuch in Israel entschlossen, auch das moderne Hebräisch zu lernen. Als Alttestamentler war ich ja von Berufs wegen mit der hebräischen Sprache befasst, genauer: mit dem »Biblischen Hebräisch«. Aber die Weiterentwicklung der hebräischen Sprache in nachbiblischer Zeit gehört nicht zu den Gegenständen, mit denen man sich in der Wissenschaftstradition, in der ich stehe, üblicherweise beschäftigt. Dies gilt schon für die nachbiblische jüdische Tradition, wie sie in den umfangreichen Werken des Talmud und der jüdischen Auslegungsliteratur niedergelegt ist. Die Sprache dieser Literatur bildet aber das Bindeglied zwischen dem biblischen und dem heutigen Hebräisch, das dann noch einmal ein neues Entwicklungsstadium darstellt. Allerdings ist dabei die grammatische Grundlage des biblischen Hebräisch bewahrt worden, so dass es mir sehr zugute kam, dass ich viele Jahre lang in Heidelberg und Göttingen Biblisches Hebräisch gelehrt hatte. Gleichwohl war es ein großer Schritt hin zum gesprochenen heutigen Hebräisch. Einige meiner wichtigsten Erfahrungen in Israel wären aber ohne die Kenntnis und relative Beherrschung der Sprache nicht möglich gewesen.

Dies gilt allerdings für die persönlichen Begegnungen nur in eingeschränktem Maße, weil meine Gesprächspartner überwiegend aus dem deutschen Sprachraum stammten. Besonders wichtig waren die Begegnungen und langjährigen Beziehungen zu den bibelwissenschaftlichen Fachkollegen. Neben Isac Seeligmann war es vor allem Shemaryahu Talmon. Von ihm bekam ich wichtige Anstöße für meine eigene exegetische Arbeit. Wir saßen oft, manchmal bis tief in die Nacht hinein, in seinem Studierzimmer über Texten der Hebräischen Bibel, an denen wir über exegetische Fragen, vor allem über Strukturen und Kompositionen von Texten und Textzusammenhängen, sprachen. Später kam dann die Beziehung zu Moshe Greenberg hinzu, der aus Philadelphia nach Jerusalem gekommen war. Er war kein »Jecke«, so sprachen wir Englisch oder Hebräisch miteinander. Wenige Straßen entfernt, auch in Rechaviah, wohnt Abraham Malamat, der mir zuliebe sein lange nicht benutztes, wienerisch klingendes Deutsch reaktivierte. Bei ihm zu Hause sprachen wir oft Hebräisch, ebenso bei Menachem Haran, der gleich um die Ecke wohnt. Er stammt aus Russland, ist also auch kein »Jecke«. Ein paar Minuten weiter wohnte Moshe Goshen-Gottstein, dessen Deutsch einen – von ihm geradezu zelebrierten – Berliner Klang bewahrt hatte. Inzwischen hat sich dort, gleich um die Ecke, Jacob Milgrom angesiedelt, der nach seiner Emeritierung in Berkeley ganz nach Jerusalem übergesiedelt ist – wie Moshe Greenberg ein amerikanischer Jude, für den Jerusalem schon immer ein wesentlicher Bestandteil seines Lebens war. In einem anderen Teil Jerusalems wohnt der Religionswissenschaftler Zwi Werblowsky, mit dem mich über viele Jahre hin freundschaftliche Beziehungen verbanden, und in dessen Haus ich auch am jüdischen Leben teilnahm wie schon bei den meisten der zuvor Genannten; allerdings nicht bei allen, weil bei einigen von ihnen die traditionellen Formen jüdischen Lebens nicht mehr praktiziert wurden. Ein besonders wichtiges Element war für mich die Teilnahme am »Schiur«, dem regelmäßig am Schabbat Vormittag nach dem Synagogengottesdienst in der Wohnung von Moshe Greenberg stattfindenden Studienkreis mit Mischna-Lektüre. Jedes Mal wenn ich in Jerusalem war, habe ich daran teilgenommen und bin dadurch ein kleines Stück weit in die Welt der jüdischen Bibelauslegung eingedrungen.

Übrigens konnte ich auf die eine oder andere Weise dabei mitwirken, dass mehrere der hier genannten Jerusalemer Kollegen nach Deutschland kamen. So konnte ich dazu beitragen, dass zu verschiedenen Zeiten Gershom Scholem, Ernst Simon, Zwi Werblowsky und Shemaryahu Talmon zu Vorträgen nach Heidelberg eingeladen wurden. (Gershom Scholem war später als eines der ersten Mitglieder des Berliner Wissenschaftskollegs auf einer ganz anderen Ebene prominent.) Ich war auch daran beteiligt, dass Shemaryahu Talmon für einige Jahre die Leitung der Hochschule für Jüdische Studien in Heidelberg übernahm, was leider nicht zu einer längerfristigen Lösung geführt hat; aber das wäre ein Thema für sich.

Es war eine ganze jüdische Welt, in die ich dort eingetaucht bin und in die ich bei meinen häufigen Besuchen in Jerusalem, kürzeren und längeren, immer wieder zurückkehrte, sei es allein oder mit Gruppen von Pfarrern oder Studenten oder im Rahmen einer der jüdisch-christlichen oder deutsch-israelischen Organisationen, in denen ich tätig war. Da ich in Jerusalem kein Auto hatte, und da die Entfernungen ohnehin nicht sehr groß sind, habe ich all diese Straßen in Rechaviah und der engeren und weiteren Umgebung oft und oft zu Fuß durchquert. Ich fühlte mich dort in einem gewissen Sinne zugehörig und wurde auch von vielen, die mich kannten, so betrachtet. Einer meiner Bekannten hat einmal gesagt: »Rendtorff ist in Jerusalem *kol scheni uⁿchamischi*, jeden Montag und Donnerstag«; das ist eine Redensart, die sich auf die alten Markttage bezieht, an denen viele Leute in die Stadt kamen, für die dann in der Synagoge die Tora gelesen wurde, was sonst nur am Schabbat geschieht.

Einen Höhepunkt dieser Begegnungen bildete die Einladung zu einer Gastprofessur an der Hebräischen Universität, an der ich ein Semester lang Vorlesungen und Seminare in hebräischer Sprache gehalten habe. Diese Einladung hätte ich übrigens ohne meine Hebräischkenntnisse nicht erhalten. Ein deutscher Professor als offizieller Gast war damals noch kaum vorstellbar. Aber ein deutscher Alttestamentler, der auf Hebräisch Vorlesungen hielt, ließ sich in den zuständigen Gremien vermitteln. Das Wintersemester 1973/74, in dem diese Einladung realisiert werden sollte, konnte zunächst nicht beginnen, denn es war Krieg – der »Jom-Kippur-Krieg«. Die El Al beförderte zunächst nur Israelis, die aus dem Ausland zurückkamen, um als Reservisten ihren Dienst bei der Armee anzutreten. Die Lufthansa flog damals noch nicht nach Israel. Als ich schließlich meinen Flug antreten konnte und nach Jerusalem kam, waren dort nur wenige Studenten. Und auch in den folgenden Wochen meldeten sich aus meinen Lehrveranstaltungen immer wieder einige zu kurzzeitigem Reservedienst ab. Aber es wurde sehr konzentriert gearbeitet, und vor allem hatte sich eine Arbeitsgemeinschaft von Assistenten und Doktoranden gebildet, mit denen ich in wöchentlichen Zusammenkünften einen intensiven Gedanken- und Meinungsaustausch hatte, der meiner eigenen Arbeit sehr zugute gekommen ist.

Ein weiteres wichtiges Element war meine regelmäßige Teilnahme an einem wissenschaftlichen Colloquium, das im Hause des Altmeisters der biblischen Archäologie Benjamin Mazar stattfand. In Israel ist die Archäologie des Landes und insbesondere auch der Stadt Jerusalem eng mit der Bibelwissenschaft verbunden, so dass auch mein Kollege Abraham Malamat zu den aktiven Mitgliedern dieses Colloquiums gehörte. Die Beziehung zu Benjamin Mazar fand einige Jahre später bei dem Kongress der IOSOT in Jerusalem ihren sichtbaren Ausdruck.[20]

20 S.u. S. 149.

In diesen Monaten wurde ich auch eingeladen, im Haus des Staatspräsidenten einen Vortrag zu halten. Dort fanden regelmäßig Vorträge und Diskussionen über biblische Themen statt, eine Tradition, die von Zalman Shazar begründet worden war und von den nachfolgenden Staatspräsidenten fortgeführt wurde. Es war durchaus ein politisch-gesellschaftliches Ereignis, und ich konnte den Vortrag und die Diskussion auf Hebräisch gut bewältigen. Ich sage das im Rückblick mit einem gewissen Bedauern, denn die Beherrschung der Sprache geht leider ein Stück weit verloren, wenn man sie nicht regelmäßig praktiziert.

Ein wichtiger Faktor für meine Beziehungen zu Israel war schließlich auch die regelmäßige Teilnahme an den Tagungen der World Union of Jewish Studies, die im Vierjahresrhythmus in Jerusalem stattfinden. Nach meiner ersten Teilnahme 1965 konnte ich auf der Tagung von 1969 einen Vortrag halten. Das Thema stand im Zusammenhang mit der Diskussion der folgenden Jahre: »Traditio-Historical Method and the Documentary Hypothesis.«[21] Einen Höhepunkt bildete dann für mich die Tagung von 1981, bei der ich in einer öffentlichen Plenarveranstaltung im »Amphitheater« auf dem Scopusberg als einziger Nichtjude einen Vortrag halten konnte. Mein Thema: »Rabbinic Exegesis and the Modern Christian Bible Scholar.«[22] Darin versuchte ich die weitgehende Unkenntnis christlicher Bibelwissenschaftler in Bezug auf das weite Feld der rabbinischen Exegese darzustellen und nach Gründen dafür zu fragen, aber auch nach Möglichkeiten einer jedenfalls partiellen Abhilfe. Später wurde ich dann zum Mitglied des Council, des Leitungsgremiums dieser Organisation gewählt, inzwischen mit fortschreitendem Alter zum »Ehrenmitglied«.

Deutschland und Israel

Meine erste Israelreise 1963 eröffnete zugleich einen ganz anderen Bereich. In jenen Monaten geriet das Problem der Beziehungen zwischen der Bundesrepublik Deutschland und Israel in den Mittelpunkt des

---

21 Proceedings of the Fifth World Congress of Jewish Studies (1969), Jerusalem 1972, 5–11.
22 Proceedings of the Eigth World Congress of Jewish Studies (1981), Jerusalem 1983, 29–36. Deutsche Übersetzung unter dem Titel »Rabbinische Exegese und moderne christliche Bibelauslegung« in: Kanon und Theologie (s. Anm. 8), 15–22.

Interesses. Die Bundesrepublik hatte damals keine diplomatischen Beziehungen zu Israel. Zunächst hatte Israel die Beziehungen nicht gewünscht aus begreiflichen historischen Vorbehalten gegenüber Deutschland; aber das war längst vorbei und inzwischen war dieser Schritt eigentlich überfällig. Doch die AdenauerRegierung traute sich nicht, ihn zu vollziehen aus Angst vor dem angedrohten Wirtschaftsboykott der Staaten der arabischen Liga. Im Frühjahr 1963 kam es zu einer Krise, als bekannt wurde, dass in Ägypten deutsche Raketenfachleute aus der alten Tradition der nationalsozialistischen Raketenproduktion arbeiteten. Es war klar, dass ägyptische Raketen nur gegen Israel gerichtet sein konnten. Das war in der israelischen Presse hochgekommen und führte zu einer ungeheuren politischen Empörung und zugleich zum erneuten Aufwerfen der Frage: »Warum habt ihr keine diplomatischen Beziehungen mit uns?« Die Studenten der Gruppe, mit der ich nach Israel gekommen war, hatten vor unserer gemeinsamen Rundreise einige Wochen in einem Kibbuz gelebt und gearbeitet und waren dort mit diesen Problemen konfrontiert worden. Sie überfielen mich geradezu mit ihren Erfahrungen und Fragen. In den drei Wochen unserer Reise diskutierten wir diese Probleme immer wieder, und die Studenten forderten, dass wir nach unserer Rückkehr irgend etwas tun müssten.

Deshalb habe ich nach meiner Rückkehr angefangen, mit vielen Leuten zu reden, zu fragen, was man tun kann. Schließlich bin ich dann mit Unterstützung des damaligen Präses (späteren Bischofs) Kurt Scharf, zusammen mit einem jungen Berliner Pastor, der auch in dieser Frage engagiert war, mehrfach nach Bonn gefahren und habe eine Reihe von Bundestagsabgeordneten verschiedener Parteien aufgesucht. Ich war auch bei Eugen Gerstenmaier, dem damaligen Bundestagspräsidenten, der sich schon öffentlich in dieser Frage engagiert hatte, aber auf Grund der negativen Reaktionen nichts weiter tun wollte. Anders war es bei Carlo Schmid, dem damaligen Vizepräsidenten des Bundestages, der durchaus daran interessiert war, diese Frage weiter zu verfolgen, und mich dafür mit Gerhard Jahn in Verbindung brachte, mit dem ich dann sehr fruchtbar und erfolgreich zusammen gearbeitet habe.

Durch meine Überwechselung nach Heidelberg ergaben sich auch in diesem Bereich ganz neue Wirkungsmöglichkeiten. Ich hatte inzwischen damit begonnen, mich an konkreten Bestrebungen zur Gründung einer Deutsch-Israelischen Gesellschaft zu beteiligen, die sich zunächst vor allem den Bemühungen um die Aufnahme diplomatischer Beziehungen der Bundesrepublik zum Staat Israel widmen sollte. Gegen Ende meines ersten Heidelberger Semesters, des Wintersemesters 1963/64, hielt ich in der Universität einen öffentlichen Vortrag mit dem Titel »Deutschland und Israel. Zur Aufnahme diplomatischer Beziehungen«. Dies war mein erster öffentlicher Auftritt mit einem politischen Thema.

Das hatte noch eine weitere, von mir selbst keineswegs vorausgesehene Folge. Ein juristischer Kollege, Konrad Duden, damals Honorarprofessor in der Heidelberger Juristischen Fakultät (später Mitbegründer der Juristischen Fakultät der Universität Mannheim) lud mich zu einem Vortrag vor einem Arbeitskreis sozialdemokratischer Juristen zu diesem Thema ein. Hinterher sagte er zu mir: »Wenn Sie politisch irgendetwas erreichen wollen, müssen Sie Mitglied einer der großen Parteien sein.« Das leuchtete mir ein, und die Wahl war für mich nicht schwer. Meine Berliner »Politisierung«, vor allem der starke persönliche Eindruck von Willy Brandt, aber auch eine politische Rede von Carlo Schmid während eines Wahlkampfes, ließen mich nicht lange zögern, meine ererbte national-protestantische Tradition endgültig hinter mir zu lassen und in die SPD einzutreten. Ich war damals übrigens der einzige ordentliche Professor der Universität, der Mitglied der SPD war; bei der ersten Mitgliederversammlung, an der ich teilnahm, wurde ich dementsprechend mit großem Beifall begrüßt.

Es hat sich dann sehr schnell bewahrheitet, dass mein Israel-Engagement dadurch sehr unterstützt wurde. Denn nun fand ich ganz andere Gesprächspartner, mit denen gemeinsam ich an dem Ziel der Gründung der DeutschIsraelischen Gesellschaft arbeiten konnte. Allerdings kamen uns die politischen Ereignisse zuvor. Anfang 1965 besuchte Walter Ulbricht Ägypten auf Grund einer Einladung des ägyptischen Präsidenten Gamal Abd el Nasser. Darin sah die Bundesregierung einen unfreundlichen Akt und beschloss nach kontroversen Diskussionen schließlich, die diplomatischen Beziehungen zu Ägypten zwar nicht abzubrechen, jedoch diplomatische Beziehungen mit Israel aufzunehmen. Wir hatten auf Bitten unserer israelischen Gesprächspartner während dieser Auseinandersetzungen unsere Bemühungen um die Gründung der Deutsch-Israelischen Gesellschaft ruhen lassen. Nachdem dann Rolf Pauls als erster deutscher Botschafter in Israel sein Amt angetreten hatte, nahmen wir unsere Bemühungen wieder auf und gründeten schließlich 1965/66 die Gesellschaft. Ich war darin von Anfang an als Vizepräsident aktiv tätig, was zu verstärkten Beziehungen zu Israel und zu häufigen Reisen dorthin führte.

Allerdings war die Arbeit dieser Gesellschaft keineswegs unproblematisch. Das betrifft einmal das Verhältnis zwischen den beiden Staaten, zum andern aber auch die unterschiedlichen Vorstellungen und Erwartungen, die mit einer solchen Gesellschaft verbunden wurden. Der Plan zur Gründung der DIG war noch vor der Aufnahme der diplomatischen Beziehungen entstanden. Dabei war ein nicht unwesentlicher Aspekt, die Bundesregierung dazu zu bewegen, endlich diesen längst überfälligen Schritt zu tun. Als es dann schließlich 1966 zu ihrer Gründung kam, bestanden bereits die diplomatischen Beziehungen zwischen den beiden Staaten, und die DIG musste sich in diesen Rahmen einfügen.

Das Interesse der politischen Instanzen an dieser Gesellschaft war auf beiden Seiten minimal. Die deutsche Seite war uns gegenüber eher misstrauisch, weil wir einen großen Informationsvorsprung vor der deutschen Botschaft hatten und viele Leute kannten. Gelegentlich wurde das aber auch ausgenutzt, so z.B. indem man mich bat, für den ersten deutschen Botschafter Rolf Pauls ein Gespräch mit Gershom Scholem zu vermitteln, weil man sich keine Absage einhandeln wollte. Auf israelischer Seite hat es Jahre gedauert, bis sich Leute fanden, die an der Gründung einer entsprechenden Gesellschaft in Israel Interesse hatten. Seitdem konnte es jedenfalls wechselseitige Besuche geben.

In der DIG selbst sammelten sich überwiegend Leute, die im Grunde nur die offiziellen Beziehungen auf der lokalen Ebene im Rahmen einer »Freundschafts-Liga« fortsetzen wollten. Manche örtlichen Gesellschaften konzentrierten ihr Interesse auf eine jährliche festliche Veranstaltung mit prominenten Teilnehmern anlässlich des israelischen Unabhängigkeitstages. Daneben gab es dann aber politische Diskussionen, in denen in den Jahren nach dem Junikrieg von 1967 natürlich auch die dadurch entstandenen Probleme im Verhältnis Israels zu den besetzten Gebieten und zu den sich damals konstituierenden Palästinensern zur Sprache kamen. Dadurch entstand innerhalb der DIG eine Debatte über die Frage, ob und wieweit unsere Solidarität mit Israel es zuließ, dass wir uns auch öffentlich mit diesen Fragen auseinander setzten. Dabei wurde der Begriff einer »kritischen Solidarität« verwendet. Dieser Ausdruck bewirkte aber wegen seiner Mehrdeutigkeit das Gegenteil von dem, wozu er eigentlich bestimmt war. Besonders für israelische Ohren rückte das Wort »kritisch« in den Vordergrund, während es von denen, die innerhalb der DIG diesen Begriff benutzten, als ein näher bestimmendes Adjektiv zu dem weiterhin eindeutig dominierenden Begriff der Solidarität gemeint war.

Hier entwickelte sich über Jahre hinweg ein Konflikt. Er verschärfte sich ganz wesentlich, als Ende 1974 Yohanan Meroz israelischer Botschafter in der Bundesrepublik wurde. Er machte besonders Reiner Bernstein, den damaligen Geschäftsführer der DIG, und mich als Vizepräsidenten für die Entwicklung in der DIG verantwortlich. Er schreibt dazu im Rückblick: »Gelegentlich hatte man den Eindruck, dass ihr Denken und Wirken nicht in erster Linie der Pflege der Freundschaft zu Israel galt, sondern der Förderung des ›Palästina-Syndroms‹ in der bundesdeutschen Öffentlichkeit.«[23] Das Präsidium der DIG bemühte sich in endlosen Sitzungen, eine Gesprächsbasis mit Meroz zu finden – vergeblich. Die Konsequenz für mich war, dass ich mit einigen anderen im Frühjahr 1977 aus der DIG austrat und einige Monate später den »Deutsch-Israelischen Arbeitskreis für Frieden im Nahen Osten« (DIAK) gründete.

Diese Diskussion hatte auch Auswirkungen auf das Verhältnis zu meinen israelischen Freunden. Im November 1977 saßen wir in Jerusalem in einem sehr ernsten Gespräch zusammen, in dessen Verlauf einer meiner Freunde sagte, dass sie, die Israelis, ihren Freunden draußen im Grunde etwas sehr Unfaires zumuten müssten, nämlich in der Öffentlichkeit außerhalb Israels nicht »an den innerzionistischen und innerisraelischen Auseinandersetzungen über den Weg des Staates Israel zum Frieden mit den Arabern mitdenkend teilzunehmen«, wie Gollwitzer es formuliert hatte.[24] Die Mehrheit der anwesenden Israelis schien diese Auffassung grundsätzlich zu teilen. Wie stark dies nachgewirkt hat, zeigt sich in einem Brief des eben zitierten Freundes Zwi Werblowsky zu meinem 65. Geburtstag im Jahre 1990:

> »Es gab auch Momente schwerer Spannung [...] Momente, wo wir Israelis, und gerade die oppositionellen unter ihnen, von dem Ton, von der Art, und von dem nicht überhörbaren ›Unterschwelligen‹ an der geäußerten Kritik so bestürzt waren, dass wir vor der Versuchung standen, Beziehungen abzubrechen und uns reflexartig in unsere Muschelschale zurückzuziehen. Du (und

---

23 Y. Meroz, In schwieriger Mission. Als Botschafter Israels in Bonn, 1986, 165.
24 Vgl. meinen Beitrag zur Festschrift zum 70. Geburtstag von Helmut Gollwitzer: Hat sich unser Israel-Engagement gewandelt? in: Richte unsere Füße auf den Weg des Friedens (hg. von A. Baudis u.a.), München 1979, 155–166, Zitat 157.

einige andere) hatten es nicht leicht, uns zu überzeugen, dass in der kritischen Solidarität die Kritik ernst war, doch die Solidarität entscheidend.«

Wichtig ist mir dabei vor allem noch ein anderer Satz dieses Briefes, in dem es heißt: »Dass wir diese Spannung durchhielten, spricht [...] für das Grundlegende, welches unsere Beziehung trug, und das Übergreifende, welches sie zusammenhielt.« So habe ich es immer wieder empfunden und erfahren: dass diese Beziehungen zu meinen israelischen Freunden stärker waren als solche Belastungen, und dass immer die Möglichkeit zum klärenden und weiterführenden Gespräch offen stand.

Noch einmal zurück zu den Anfängen meines Engagements in der Frage der deutsch-israelischen Beziehungen: Zunächst bestand eine fast selbstverständliche Übereinstimmung mit der Haltung der Deutsch-Israelischen Studiengruppen (DIS), die seit Ende der fünfziger Jahre, ausgehend von der Freien Universität Berlin, Israel »entdeckt« hatten und ihre Israelkontakte im größeren Zusammenhang ihrer Kritik an der Adenauer-Ära, der »braunen Universität« usw. verstanden. Für sie war das Engagement für Israel Teil ihrer innenpolitischen Oppositionsrolle. Als nach der Aufnahme diplomatischer Beziehungen zwischen der Bundesrepublik und Israel im Jahr 1965 die Beschäftigung mit Israel Bestandteil der offiziellen Politik der Bundesrepublik wurde, hatte sie für diese Gruppen ihre ursprüngliche Funktion verloren. Viele von ihnen fanden sich deshalb schon in den Tagen des Nahostkrieges vom Juni 1967 im anti-israelischen Lager. Auch Teile der Evangelischen Studentengemeinden, insbesondere ihre Leitung auf Bundesebene, schlossen sich diesem Kurs an und vertraten eine sehr aggressive anti-israelische Position, was Anfang der siebziger Jahre für mich und einige andere zu einem langen, quälenden Konflikt mit diesen Gruppen führte.

Dabei war eine neue Erfahrung, »abgestempelt« zu werden. Zunächst galt ich wegen meines Israel-Engagements als »links«, weil diese politische Entscheidung der herrschenden Politik der Adenauer-Ära zuwiderlief; dann, als viele Linke ihr Engagement für Israel verloren hatten, galt ich in ihren Augen als »rechts«. Dies war keineswegs nur mein persönliches Problem, sondern betraf auch Leute wie z.B. Helmut Gollwitzer, der für mich in dieser Hinsicht immer eine Leitfigur war. Nach der Gründung des DIAK ergab sich für mich eine neue Variante dieser Problematik. In der DIG war ich sozusagen als »Linker« schließlich ausgeschieden, als einer, der kritisiert und Opposition betreibt, als

»Störenfried«, wie Meroz mich nennt. Im DIAK sammelten sich nun Leute, von denen viele »links« von mir standen, was die kritische Haltung zur gegenwärtigen israelischen Politik betraf. Dabei kamen die kritischsten Stimmen oft von Israelis, die jetzt (wieder) in Deutschland leben. Immer wieder gab es heftige Diskussionen, z.B. um die Formulierung der Aufgaben und Ziele des Arbeitskreises in den Leitsätzen und um seinen Namen, etwa um die Frage, ob neben dem Wort »Israel« oder »israelisch« auch »Palästina« oder »palästinensisch« im Namen vorkommen sollte. Allerdings gab und gibt es zwar einige israelische Mitglieder, aber keine palästinensischen, so dass diese Frage eher abstrakt erschien. Meistens endeten solche Diskussionen ohne Ergebnis, d.h. ohne Änderung des Namens oder einschneidende Änderungen der Leitsätze oder der Satzung.

Im übrigen zeigte sich hier auch eine Generationenfrage, da die große Mehrheit der DIAK-Mitglieder einer sehr viel jüngeren Generation angehört als ich. Auch biographische Erfahrungen spielten eine Rolle, da viele der Mitglieder mit »Aktion Sühnezeichen« oder mit »Studium in Israel« einige Zeit in Israel verbracht hatten und Israel ganz anders erlebt hatten als ich. So hielt ich denn im Herbst 1986 die Zeit für gekommen, mich nach mehr als zwanzig Jahren aus der aktiven Mitarbeit in deutsch-israelischen Organisationen zurückzuziehen und die Arbeit Jüngeren zu überlassen. (Von dem Programm »Studium in Israel« muss später noch die Rede sein.)

Christen und Juden

Als Deutscher in Israel, das bedeutet zugleich: als Christ unter Juden. So brachten meine intensiven Beziehungen zu Israel mehr und mehr auch die theologischen Fragen des Verhältnisses von Judentum und Christentum ins Bewusstsein und forderten eine Auseinandersetzung damit. Für mich selbst war es zunächst eine ganz persönliche Frage, wie mir das Judentum begegnete und wie ich auf diese Begegnung antwortete. Ich habe schon von meiner regelmäßigen Teilnahme an den Synagogengottesdiensten und dem Gefühl einer gewissen Zugehörigkeit gesprochen. Ich fühlte mich dabei als Gast, zwar als regelmäßiger Gast mit einer gewissen Vertrautheit mit den Traditionen und Inhalten der jüdischen Religion, aber doch mit einer klaren Unterscheidung. Ich habe in diesen Jahren auch gelegentlich überlegt, ob die Nähe nicht schon so groß sei, dass ich ganz zum Judentum übertreten könnte und sollte. In dieser Situation haben mir vertrauensvolle Gespräche mit jüdischen Freunden geholfen, vor allem mit Jacob Cohen. Dabei wurde mir bewusst, dass ich niemals ein wirklicher Jude werden könnte, sondern immer ein Proselyt bleiben würde. Dazu kam die von meinen jüdischen Gesprächspartnern ausgesprochene Einsicht, dass es für die Juden wichtiger sei, interessierte und verständnisvolle christliche Gesprächspartner zu haben als noch mehr Proselyten. Dies alles geschah jedoch nur als meine persönliche Auseinandersetzung mit dem Judentum und nicht unter dem Vorzeichen des »christlich-jüdischen Gesprächs«; ich hatte dabei nie die Absicht, den Juden gegenüber das Christentum zu repräsentieren.

Die Situation ist aber eine grundlegend andere, wenn Juden als Minderheit in einer überwiegend christlichen Umgebung leben, wie es fast zweitausend Jahre lang, von der Vertreibung der Juden durch die Römer im ersten und zweiten Jahrhundert christlicher Zeitrechnung bis zu Gründung des Staates Israel im zwanzigsten Jahrhundert, überall der Fall war und außerhalb Israels bis heute ist. Dabei gab es bis in die Neuzeit hinein kaum Begegnungen, bei denen es um gegenseitiges Kennenlernen oder um den Austausch unterschiedlicher Meinungen und Erfahrungen gegangen wäre. Was man heute das »christlich-jüdische Gespräch« nennt, hat sich erst in den Jahrzehnten nach dem Zweiten Weltkrieg entwickelt. In Deutschland war es vor allem der Deutsche Evangelische Kirchentag, bei dem dieses Gespräch seit dem Anfang der sechziger Jahre, genauer seit dem Kirchentag in Berlin 1961, entstand und von einer kleinen Gruppe engagierter Mitglieder konsequent weiter entwickelt wurde. Während die Arbeit der Kirchentagsgruppe vor allem in die Breite der Kirchentagsteilnehmer und der dadurch erreichten Öffentlichkeit gerichtet war, hatte die 1967 vom Rat der Evangelischen Kirche in Deutschland (EKD) berufene Studienkommission »Kirche und Judentum« die Aufgabe, die theologischen Grundsatzfragen des Verhältnisses von Christen und Juden zu behandeln. Es gab vielfältige Wechselbeziehungen zwischen diesen beiden Gruppen, und ich war nicht der einzige, der in beiden Gruppen mitarbeitete. In der Studienkommission der EKD war ich federführend an zwei Veröffentlichungen beteiligt, die unter dem Titel »Christen und Juden. Eine Studie der Evangelischen Kirche in Deutschland« 1975 und II 1991 erschienen sind. Inzwischen gibt es eine Studie III aus dem Jahr 2000, an deren Entstehung ich aber nicht mehr beteiligt war.

Die Mitarbeit in diesen Gremien war für mich gleichsam die Außenseite meiner Auseinandersetzung mit den Problemen des Verhältnisses von Christen und Juden. Hier füge ich eine Bemerkung zur Terminologie ein: Die AG des Kirchentages heißt »AG Juden und Christen«; die Juden stehen voran. Die Studienkommission der EKD heißt hingegen »Kirche und Judentum«; die Kirche steht an erster Stelle. Abgesehen davon, ob man das Ganze mehr von den Personen oder mehr von den Institutionen her betrachtet, stellt sich immer wieder die Frage der Reihenfolge. Einerseits haben die Juden als die Älteren, bzw. hat das Judentum als das dem Christentum Vorangehende, gleichsam den Anspruch darauf, zuerst genannt zu werden. Andererseits ist das Gespräch (oder wie immer man es nennen will) zwischen beiden, so wie es sich jetzt entwickelt hat, im wesentlichen von einem christlichen Interesse bestimmt. Das Christentum kann seine eigene Identität nicht formulieren, ohne dabei sein Verhältnis zum Judentum zu bedenken, aus dem es hervorgegangen ist. Für das Judentum gilt nichts Entsprechendes. Seine grundlegende Gestalt, die es in der biblischen und frühen nachbiblischen Zeit gewonnen hat, war abgeschlossen, als das aus ihm hervorgegangene Christentum sich verselbständigte. Die weitere Entwicklung verlief ohne unmittelbare Beziehungen zum Christentum; deshalb bedarf das Judentum nicht der Reflexion auf sein Verhältnis zum Christentum. Darum ist es sachgemäßer, vom christlich-jüdischen Gespräch zu sprechen.

Mit diesen Überlegungen habe ich schon angedeutet, in welcher Richtung nach meiner Einsicht die entscheidenden Fragen des christlichen Verhältnisses zum Judentum liegen. Es geht nicht in erster Linie um das Verhältnis des heutigen, in einer fast zweitausendjährigen Geschichte geformten Christentums zum heutigen Judentum. Das ist zweifellos wichtig, vor allem in der Begegnung von Gemeinschaften oder Gruppen beider Seiten. Aber eine grundlegende Revision des christlichen Verhältnisses zum Judentum kann auf dieser Ebene nicht erfolgen. Es geht vielmehr um die grundsätzliche Frage, wie sich das Christentum selbst in seinem Verhältnis zum Judentum definiert. Dazu müssen wir in die Anfänge des Christentums zurückgehen, in die Zeit, als das Christentum noch aus einer Gruppe von Menschen *innerhalb* des Judentums bestand. Erst die Verselbständigung dieser Gruppe gegenüber dem Judentum und die Herausbildung einer eigenen Identität bilden den Punkt, von dem an man von »Juden und Christen« als unterscheidbare und dann auch unterschiedene Gemeinschaften sprechen kann. In der Apostelgeschichte wird dieser Punkt markiert, wenn es heißt: »In Antiochia nannte man die Jünger zum ersten Mal Christen« (Apg 11,26).

Hier stellt sich nun die grundlegende Frage, unter welchem leitenden Gesichtspunkt man dieses »Auseinandergehen der Wege«, wie man es genannt hat, betrachten will. Sehr vereinfacht gesprochen geht es darum, ob man in erster Linie nach dem fragt, was das Christentum vom Judentum unterscheidet und *trennt,* oder nach dem, was es mit dem Judentum *verbindet.* Meine eigene Position hat sich immer stärker und immer eindeutiger in die zweite Richtung entwickelt. »Das Jüdische am Christentum« hat der mir in diesen Fragen nahe stehende katholische Alttestamentler Norbert Lohfink ein Buch genannt.[25] Ich selbst habe es u.a. so formuliert: »Wir müssen unsere jüdischen Wurzeln wiedergewinnen.«[26]

Dabei sehe ich mich als Alttestamentler in einer besonderen Verantwortung. Der erste, größere Teil unserer christlichen Bibel, den wir das »Alte Testament« nennen, war schon die Bibel der Juden, bevor das Christentum entstand, und er ist es bis heute. Die sich dann entwickelnde jüdische »Theologie« (der Ausdruck ist im Judentum allerdings nicht gebräuchlich) ist im Grundsätzlichen immer Auslegung der »Schrift«, des TANAKH.[27] In den christlichen Gruppen und Gemeinschaften, die sich nach und nach als größere Einheit, als »Kirche« verstanden, wurden eigene christliche Schriften verschiedener Art – vor allem Briefe und Evangelien – weitergegeben und gesammelt, die dann im zweiten Jahrhundert zu einer eigenen Sammlung von Texten in griechischer Sprache zusammengefügt wurden. Für diese Sammlung bürgerte sich der Name »Neues Testament« ein. Dieser Name ergab sich fast von selbst aus der geläufigen Bezeichnung der jüdischen Bibel als »Altes Testament«, dem nun das »Neue Testament« hinzugefügt wurde. Das bedeutet aber, dass die christliche Bibel immer aus diesen beiden Teilen bestand. Das Neue Testament hat niemals ein Eigenleben geführt. Vielmehr war das Alte Testament – in der griechischen Fassung –

---

25 Norbert Lohfink, Das Jüdische am Christentum, Freiburg 1987.
26 In: Christina Kurth und Peter Schmid (Hg.), Das christlich-jüdische Gespräch. Standortbestimmungen, Stuttgart 2000, 46–54.
27 Die drei hebräischen Buchstaben Taw, Nun und Kaf bezeichnen die Anfangsbuchstaben der drei Teile der hebräischen Bibel: *Torah* (Pentateuch), *N^ebiim* (Propheten), *K^etubim* (Schriften). Daraus ist die Gesamtbezeichnung der Hebräischen Bibel als *Tanakh* (mit spirantisch gesprochenem K am Schluss) entstanden.

immer ein integrierender Bestandteil der christlichen Bibel, dem die gleiche Dignität wie dem Neuen Testament zukam.

Aber wie ist die Entwicklung tatsächlich verlaufen? Diese Frage ist erst nach dem Zweiten Weltkrieg, d.h. nach der Schoah, und zunächst noch sehr zögernd gestellt worden. Dabei war eine gewichtige Stimme die des schwedisch-amerikanischen Theologen Krister Stendahl (er war lange Jahre Dean der Harvard Divinity School und später Bischof von Uppsala). Er hat nach einem eher enttäuschend verlaufenen jüdisch-christlichen Kolloquium in der Harvard Divinity School im Jahre 1966 geschrieben:

> Am Anfang lief etwas falsch. (Something went wrong in the beginning.) Ich sage »lief falsch«, weil ich nicht überzeugt bin, dass das, was mit der Trennung der Beziehungen zwischen Judentum und Christentum geschah, der gute und ausdrückliche Wille Gottes war. Könnte es nicht sein, dass wir zu der Einsicht kommen, dass wir nicht nach dem Willen Gottes, sondern gegen ihn auseinander gegangen sind?
>
> Ich weiß, das ist eine befremdliche Weise zu reden. Ich weiß, dass es als historischer Romantizismus abgestempelt werden könnte, als ein Versuch, die Uhr zurückzudrehen. Aber warum soll man es nennen »die Uhr zurückdrehen«? Warum kann man nicht stattdessen sagen, dass die Zeit für uns gekommen ist, die Alternativen zu finden, die damals verloren gegangen sind, Alternativen, die der theologische Ausdruck unserer Reue sind und unserer Einsichten, die sich uns heute aufdrängen.[28]

Diese Worte haben mich seither ständig beschäftigt. Ich bin überzeugt, dass wir unser Selbstverständnis als Christen neu definieren müssen. Dazu müssen wir, wie Krister Stendahl es eindrucksvoll formuliert hat, zurück an den Anfang unseres Weges, dorthin, wo sich die Anhänger der neuen Heilsbotschaft von Jesus als dem Messias *innerhalb* der jüdischen Gemeinschaft zusammenfanden und sich dann nach und nach zu einer eigenen, unterscheidbaren Gruppe formierten. Was ist mit dieser Entwicklung geschehen? Hörten die »Christen« auf, Juden zu sein?

Hier schließen sich viele Fragen an, die auf ganz verschiedenen Ebenen liegen. Setzen wir wieder beim »Alten Testament« ein: Lesen Christen diesen Teil ihrer Bibel anders, sozusagen »christlich«? Hier wird sofort deutlich, dass diese Frage in hohem Maße eine gegenwärtige ist, und dass sie sehr praktische Konsequenzen beinhaltet. Jeder Pfarrer

---

28 K. Stendahl, Judentum und Christentum. Plädoyer für die Erneuerung ihres Verhältnisses, in: Evangelische Kommentare 2, 1969, 73–78.

muss diese Frage jedes Mal beantworten, wenn er einen alttestamentlichen Text auslegt, sei es in einer Predigt oder in einem anderen Kontext. Er wird sich dabei in aller Regel an dem orientieren, was er im Studium und danach von theologischen Lehrern gelernt hat. Dabei ist vielfach von einer »christlichen« oder »christologischen« Auslegung die Rede, wie sie in vielen Variationen in der theologischen Literatur vertreten wird. Vereinfacht gesprochen, bedeutet dies, dass ein alttestamentlicher Text in einer christlichen Auslegung stets ein »christliches« oder »christologisches« Element enthalten muss, wodurch er von einem »nur alttestamentlichen« und damit »jüdischen« Verständnis der Schrift unterschieden wird.

Überprüft man diese Frage an bestimmten alttestamentlichen Texten, so wird sehr schnell deutlich, dass diese Methode keineswegs überall sinnvoll angewendet werden kann. Betrachtet man das erste Kapitel des Alten Testaments, in dem von der Schöpfertätigkeit Gottes und von der Welt als Gottes Schöpfung die Rede ist, so ist der darin enthaltenen Botschaft nichts »Christliches« hinzuzufügen. Was hier und an vielen anderen Stellen des Alten Testaments über Gott, den Schöpfer, und die Welt als seine Schöpfung gesagt wird, gilt für Juden wie für Christen wie für die ganze Menschheit, die in dieser göttlichen Schöpfung lebt. Dies führt sogleich auf einen anderen Aspekt des christlichen Verhältnisses zur Bibel. Der erste Artikel des »Apostolischen« Glaubensbekenntnisses spricht das erste grundlegende Element des christlichen Glaubens in rein »alttestamentlichen« Formulierungen aus: »Ich glaube an Gott, den Vater, den Allmächtigen, den Schöpfer des Himmels und der Erde.« Christlicher Glaube ist ohne den Glauben an Gott den Schöpfer unmöglich, und der Glaube an Gott den Schöpfer kann nur in alttestamentlichen Formulierungen ausgesprochen werden.

Man kann natürlich Vieles aus der langen und oft kontroversen Geschichte des Christentums anführen, was diese Feststellungen keineswegs so selbstverständlich erscheinen lässt. Aber gerade darin wird auch deutlich, welche grundsätzlichen Entscheidungen in dieser Frage in der Geschichte der Kirche gefällt worden sind. Entscheidend war vor allem die Auseinandersetzung mit Marcion im 2. Jahrhundert, der nicht nur eine christliche Bibel ohne die jüdische Bibel haben wollte, sondern der auch die christlichen Schriften auf einen ausschließlich an Paulus orientierten Kanon begrenzen wollte. Die Kirche hat dies mehrheitlich abgewiesen und sich für die Bibel entschieden, die Altes und Neues Testament umfasst. Allerdings ist die von Marcion vertretene extreme Position nie ganz verschwunden. Sie ist am Beginn des zwanzigsten Jahrhunderts sehr nachdrücklich von Adolf von Harnack, einem der bedeutendsten Theologen jener Jahrzehnte, vertreten worden, der die Kirche dazu aufrief, das Erbe Marcions anzutreten:

> Das Alte Testament im 2. Jahrhundert zu verwerfen, war ein Fehler, den die große Kirche mit Recht abgelehnt hat; es im 16. Jahrhundert beizubehalten, war ein Schicksal, dem sich die Reformation noch nicht zu entziehen vermochte; es aber im 19. Jahrhundert als kanonische Urkunde im Protestantismus noch zu konservieren, ist die Folge einer religiösen und kirchlichen Lähmung.[29]

Unter ganz anderen politischen Voraussetzungen und in sehr vergröberter Form tauchte eine derartige Auffassung 1933 in der Forderung der Deutschen Christen auf, die Kirche solle sich freimachen »vom Alten Testament und seiner jüdischen Lohnmoral«. Wie gesagt, die Voraussetzungen waren ganz verschieden, und es wäre abwegig, Harnack in einem Atemzug mit den Deutschen Christen zu nennen. Allerdings finden sich auch bei ihm sehr abwertende Urteile über das Judentum zur Zeit Jesu. So hat er in einer berühmt gewordenen öffentlichen Vorlesungsreihe über »Das Wesen des Christentums« in der Berliner Universität im Wintersemester 1899/1900 das Auftreten Jesu folgendermaßen beschrieben:

> Er trat sofort den offiziellen Führern des Volkes, in ihnen aber dem gemeinen Menschenwesen überhaupt entgegen. Sie dachten sich Gott als den Despoten, der über dem Zeremoniell seiner Hausordnung wacht, er atmete in der Gegenwart Gottes. Sie sahen ihn nur in seinem Gesetze, das sie zu einem Labyrinth von Schluchten, Irrwegen und heimlichen Ausgängen gemacht hatten, er sah und fühlte ihn überall. Sie besaßen tausend Gebote von ihm und glaubten ihn deshalb zu kennen; er hatte nur *ein* Gebot von ihm, und darum kannte er ihn. Sie hatten aus der Religion ein irdisches Gewerbe gemacht – es gab nichts Abscheulicheres –, er verkündete den lebendigen Gott und den Adel der Seele.[30]

Es ist deutlich, dass Harnack hier aus der geistigen und religiösen Haltung des liberalen Protestantismus um die Jahrhundertwende heraus redet. Aber es ist kennzeichnend, dass Jesus dabei als Gegenbild einem

---

29 Adolf von Harnack, Marcion. Das Evangelium vom fremden Gott, ²1924, 217.
30 Adolf von Harnack, Das Wesen des Christentums, 1900 (zitiert nach Siebenstern-Taschenbuch 27, 1964, 42).

verzerrten Bild der Repräsentanten des Judentums jener Zeit gegenübergestellt wird. Jesus erscheint geradezu als der idealisierte Anti-Jude. Ich will das jetzt nicht weiter ausführen. Ich wollte aber zeigen, welche massive, tief verwurzelte antijüdische Tradition im protestantischen Christentum des 20. Jahrhunderts herrschte – und weithin noch herrscht. Die theologischen Kreise, die sich zu einem neuen Durchdenken und Prüfen dieser Fragen aufgemacht haben, bilden immer noch eine kleine, oft sehr kleine Minderheit. Aber auch innerhalb dieser Kreise gibt es sehr unterschiedliche Positionen. Die Mehrzahl der christlichen Teilnehmer an diesen Bemühungen gehen von dem Unterschied zwischen Judentum und Christentum als einer unveränderbaren Gegebenheit aus und bemühen sich darum, das Verhältnis zwischen beiden neu zu durchdenken und auf eine neue Basis zu stellen. Das ist zweifellos von großer Bedeutung, und es ist der Weg, auf dem man am ehesten andere Christen zum Mitgehen bewegen kann.

Hier spielt auch die Frage nach den Anfängen eine große Rolle. Dabei wird oft betont und herausgearbeitet, dass das Christentum *innerhalb* des Judentums entstanden ist und im Judentum seine Wurzeln hat. Dann wird der Weg beschrieben, auf dem es zur Ablösung des Christentums vom Judentum gekommen ist, zum »Auseinandergehen der Wege«, wie es oft genannt wird. Doch diese Ablösung, diese schließliche Trennung, wird in der Regel als gegeben betrachtet. Es wird gefragt, wie man trotz der zweitausendjährigen Geschichte der Trennung und der christlichen Missachtung des Judentums auf Grund der neu gewonnenen Einsicht in die Gemeinsamkeit der Wurzeln zu einer Neubestimmung und zu einer neuen Praktizierung dieses Verhältnisses kommen kann.

Doch selten wird die Frage nach dem Anfang so gestellt, wie Krister Stendahl es formuliert hat: »Am Anfang lief etwas falsch.« Aber eben dies ist *meine* Frage, die mich nicht zur Ruhe kommen lässt. Ich sehe mich damit weitgehend auf mich selbst gestellt, trotz der vielen guten Freunde und Mitstreiter in diesem Feld. Und ich denke jetzt oft, dass meine eigenen theologischen Möglichkeiten nicht ausreichen, diese Frage in ihrer Komplexität und Tiefe zu durchdenken und womöglich zu klären. (Ich schreibe dies im Mai 2004.) Dabei spielt zweifellos meine lebenslange berufliche Beschäftigung mit dem »Alten Testament«, der »Hebräischen Bibel«, wie ich lieber sage, eine wesentliche Rolle. Ich lebe mit diesen Texten, sie erfüllen meinen intellektuellen, religiösen und »seelischen« Haushalt. Das Neue Testament gehört ganz selbstverständlich zu meiner Tradition, ich bin mit ihm vertraut wie viele Christen und auch Theologen, für die dieser Teil der Schrift nicht zum beruflichen »Handwerk« gehört. Aber es nimmt in meinem »Haushalt« keine besonders gewichtige Stelle ein.

Schließlich steht das Ganze in einem engen Zusammenhang mit meiner langjährigen, engen Verbundenheit mit Israel, genauer gesagt: mit Jerusalem und dem dortigen jüdischen Leben. Ich habe schon mehrfach von meiner regelmäßigen Teilnahme an den Synagogengottesdiensten und auch am *Schiur* im Hause Greenberg gesprochen und von dem Gefühl der Zugehörigkeit, das ich dabei mehr und mehr empfunden habe – bei aller bleibenden Distanz. So ist mein Verhältnis zu der Frage der »Jüdischkeit« des Christentums gewiss sehr stark durch diese persönlichen Erfahrungen geprägt. Ich habe auch – abgesehen von den Andachten im Elternhaus – nie einen religiösen christlichen Kreis erlebt, mit dem mich ein vergleichbares Gefühl der Zugehörigkeit verbunden hätte. Deshalb denke ich manchmal, dass ich gar nicht damit rechnen könnte, dass andere vergleichbare Fragen stellen.

Aber gleichwohl bleibt ein breites Spektrum von Themen und Fragestellungen, an denen kontinuierlich weitergearbeitet werden muss und woran man auch einen größeren Kreis teilhaben lassen sollte. Ein Schritt in diese Richtung war das Bemühen, Theologiestudenten zu einem Studium in Israel zu motivieren. So begründeten wir 1978 in der Evangelischen Akademie Arnoldshain, gemeinsam mit ihrem damaligen Direktor Martin Stöhr, das Programm »Studium in Israel«, das es Studenten ermöglichen sollte, für ein Jahr an der Hebräischen Universität Jerusalem zu studieren. Und zwar sollten sie dort nicht an einem Gastprogramm teilnehmen, sondern an Veranstaltungen des normalen israelischen Lehrprogramms, d.h. in hebräischer Sprache. Das setzte voraus, dass die Studenten zu dem biblischen Hebräisch, das sie als Bestandteil ihres Studiums gelernt hatten, auch das heutige Hebräisch lernen mussten, und zwar mindestens in Ansätzen schon hier in Deutschland. Als Vorbereitung dafür konnten wir einen »Mini-Ulpan« einrichten, der jedes Jahr in Heidelberg stattfindet und als Vorbereitung für den Ulpan (Sprachkurs) der Universität Jerusalem dient, wo dann die nötigen Voraussetzungen für die Teilnahme an den dortigen Lehrveranstaltungen geschaffen werden. Das Programm fand bald lebhaften Zuspruch, so dass wir jedes Jahr bis zu zwanzig Studenten auswählen konnten. (Ich spreche im folgenden im Tempus der Vergangenheit, weil sich seither manches verändert hat.) Dafür fand jeweils am

Jahresanfang in Arnoldshain mit den Interessenten ein Auswahlseminar statt. In Jerusalem wurde die Gruppe dann von dem dort seit Jahrzehnten lebenden deutschen Theologen Michael Krupp betreut, der als intimer Kenner der dortigen Verhältnisse von großer Bedeutung für das ganze Programm gewesen ist. (Inzwischen ist er im »Ruhestand«). Während des Studienjahres fanden einerseits wöchentliche gemeinsame Veranstaltungen der Gruppe statt, die von den Teilnehmern selbst geplant und gestaltet wurden, andererseits kam in der Regel dreimal im Jahr ein Mitglied des Auswahlgremiums oder ein anderer Theologe aus Deutschland, je nach Wunsch der jeweiligen Gruppe, nach Jerusalem zu einem ergänzenden Seminar, um eine Brücke zu bilden zwischen dem, was die Studenten an der Hebräischen Universität lernten, und der theologischen Situation in Deutschland, in die sie ja danach zurückkehren würden und in die sie dann das in Jerusalem Gelernte mit einbringen sollten.

Für die meisten Teilnehmer war der Aufenthalt in Israel eine wichtige, wenn nicht prägende Erfahrung, die sich im weiteren persönlichen und theologischen Leben auswirkt. Dabei waren die Erfahrungen in den Jahren seit der ersten Intifada sehr stark von den wechselnden politischen Gegebenheiten in Israel beeinflusst, was auch zu einer erheblichen Abnahme der Teilnehmerzahlen geführt hat. Aber insgesamt betrachtet hat sich das Programm während der mehr als 25 Jahre seines Bestehens sehr gut entwickelt. Unter den Teilnehmern besteht ein regelmäßiger Zusammenhalt, der dazu geführt hat, dass sich das Programm verselbständigt hat, so dass alle organisatorischen und finanziellen Angelegenheiten jetzt in den Händen der ehemaligen Teilnehmer liegen.

Ein weiteres Projekt, das unsere theologischen Erwägungen und Erörterungen einem größeren Kreis zugänglich machen soll, ist die Zeitschrift »Kirche und Israel«, zu deren Gründung ich 1986 die Initiative ergriffen habe. Sie erscheint seither als Halbjahreszeitschrift im Neukirchener Verlag. Im Herausgeberkreis hat sich über die Jahre hin ein fester Kern gebildet, zu dem Edna Brocke, Ekkehard und Wolfgang Stegemann und ich selbst gehören; dazu traten in den letzten Jahren Hans Hermann Henrix als katholischer Mitherausgeber, Gerhard Langer für Österreich und Gabrielle Oberhänsli-Widmer für die Schweiz. Die Zeitschrift erscheint jetzt (2005) im 20. Jahrgang.

Das langjährige und vielfältige Engagement im Bereich der christlich-jüdischen Beziehungen fand eine öffentliche Anerkennung durch die Verleihung der Buber-Rosenzweig-Medaille des Deutschen Koordinierungsrats der Gesellschaften für christlich-jüdische Zusammenarbeit, die mir im Jahre 2002 gemeinsam mit Edna Brocke und Johann Baptist Metz zuteil wurde.

8. Jahre der Expansion (1963–1972)

Jetzt habe ich ausführlich über die tief greifenden Veränderungen gesprochen, die sich seit meinem ersten Besuch in Israel im Jahr 1963 in meinem Leben vollzogen haben. Dabei habe ich biographisch weit vorgegriffen; denn die beiden eng miteinander verflochtenen Themen »Deutschland und Israel« und »Christen und Juden« sind seither so etwas wie die Grundmelodie meines theologischen und politischen Denkens geworden und werden es gewiss bis an mein Lebensende bleiben. Aber gerade in den Jahren, in denen diese Themen begannen, mein Leben zu bestimmen und zu verändern, traten auch ganz andere Themen in meinen Gesichts- und Aktionskreis.

Hochschulpolitik

Von den Veränderungen, die der Wechsel nach Heidelberg für mich bedeutet hat, habe ich schon gesprochen. Neben der viel stärkeren Inanspruchnahme im akademischen Lehrbetrieb durch die große und ständig wachsende Zahl von Studenten waren es vor allem die Aufgaben in der akademischen Selbstverwaltung, die mehr und mehr Zeit und Kraft forderten. Ich wurde schon am Ende meines ersten Jahres in Heidelberg für das Jahr 1964/65 zum Dekan gewählt. Dadurch kam ich schnell mit den verschiedensten Bereichen des universitären Lebens in Berührung, hatte die Fakultät in vielen Kommissionen und Ausschüssen zu vertreten und wurde schließlich vom Großen Senat zum Wahlsenator im Engeren Senat gewählt; dieses damals zahlenmäßig sehr kleine Gremium bestand im wesentlichen aus den Inhabern bestimmter Ämter, vor allem den Dekanen, während der Wahlsenator als einziger ad personam gewählt wurde. Das bedeutete natürlich einen gewissen Grad von Bekanntheit in der universitären Öffentlichkeit.

Meine Mitgliedschaft im Senat – abgesehen von der institutionellen Mitgliedschaft als Dekan 1964/65 – begann im Sommersemester 1967. In einer Sitzung berichtete ein medizinischer Kollege, der zum Zeitpunkt des Schah-Besuchs in Berlin gewesen war, von den Ereignissen – natürlich aus der Sicht des Berliner Establishments, die ja damals auch Heinrich Albertz öffentlich vertreten hatte. Hier bahnte sich etwas an, was wir damals noch nicht erkannten und verstanden. Am Beginn des Wintersemesters, also noch 1967, gab es auch in Heidelberg die ersten erkennbaren Ansätze dessen, was man dann sehr pauschal die »Studentenbewegung« genannt hat. Die ersten, noch eher ungeschickten Äußerungen erlebten wir bei der öffentlichen Semestereröffnungsfeier in der Neuen Aula. Auf der Empore wurden Wunderkerzen angezündet und im Sprechchor »Benno Ohnesorg« skandiert. Es war alles noch ein bisschen unsicher, so dass einige »Benno Ohnesorge« riefen, und das nur von wenigen Stimmen gerufene »e« etwas verloren im Raum stand. Sehr viel präziser war die Rede des ASTA-Vorsitzenden, des Theologiestudenten Jürgen Kegler, der – im dunklen Anzug und mit Krawatte, wie es sich damals gehörte – zum ersten Mal in dieser Universität das Wort »Drittelparität« öffentlich aussprach. Es sollte noch lange ein Stich- und Reizwort der hochschulpolitischen Debatte bleiben.

In dieser Auseinandersetzung standen wir nun unversehens darin. Für mich persönlich begann damals eine der dramatischsten Epochen meiner Lebensgeschichte. Es bahnte sich etwas an, ohne dass man es schon genauer definieren konnte. Ich versuchte, mir ein Bild zu verschaffen, zunächst ganz auf eigene Faust. So fuhr ich an einem Sonntag Nachmittag in die Stadt (wir wohnten damals in Neckargemünd), weil ich gehört hatte, dass im Collegium Academicum eine Versammlung stattfinden sollte, bei der über Strategie und Aktionen der Studenten beraten werden sollte. Die Versammlung war öffentlich, so dass ich ohne weiteres hineingehen konnte. Ich setzte mich in dem schon gut gefüllten Saal ganz hinten auf den Fußboden. Nicht weit entfernt saß übrigens Daniel Cohn-Bendit, der aber nicht in die Diskussion eingriff. Natürlich hatte man mich gesehen, und es gab eine kurze Debatte darüber, wie man sich angesichts der Anwesenheit von Mitgliedern des Lehrkörpers verhalten sollte. Ich erklärte kurz, ich sei gekommen, um mich persönlich zu informieren, und hätte nicht die Absicht, darüber irgendwem zu berichten. Man beschloss daraufhin, Detailfragen in anderem Rahmen zu erörtern. Offenbar war aber auch ein Informant des Rektorats anwesend, so dass mir später von dort vorgehalten wurde, ich hätte von Vorlesungsstörungen gewusst, dies aber nicht weitergegeben. Es ging dabei vor allem um den Juristen Hans Schneider. Ich schildere dies deshalb, weil es mir noch einmal sehr bewusst macht, wie völlig isoliert ich innerhalb des Lehrkörpers war, jedenfalls unter den Professoren. Daran hat sich auch in den folgenden Jahren nicht viel geändert, bis auf wenige Ausnahmen. So ist mir besonders die enge Zusammenarbeit mit dem Philosophen Ernst Tugendhat in bleibender Erinnerung.

Was uns in den nun folgenden Jahren beschäftigt und weitgehend in Anspruch genommen hat, war aber nicht in erster Linie die Unruhe, die durch die »Studentenbewegung« in die Universität hineingetragen wurde, sondern die Notwendigkeit, die Strukturen der Universität neu zu ordnen, oder, wie man für viele Bereiche genauer sagen muss, überhaupt erst zu formulieren oder zu schaffen. 1968 wurde in Baden-Württemberg ein Hochschulgesetz verabschiedet. Es enthielt einige gute Ansätze in Richtung auf eine transparentere und, jedenfalls tendenziell, demokratischere Struktur der Universitäten. Der Kultusminister, der Theologe Wilhelm Hahn, hatte in der Einleitung zu einer vom Kultusministerium herausgegebenen und verbreiteten Ausgabe des Hochschulgesetzes den Satz geschrieben: »Mit diesem Gesetz sind die Erbhöfe der Ordinarien abgeschafft.« Wir lasen diesen Satz als Aufforderung, in diesem Sinne eine Alternative zu der bis dahin bestehenden »Ordinarienuniversität« entwickeln zu können. Dass Herr Hahn den Satz offenbar ganz anders gemeint – oder vielleicht als einen von einem Mitarbeiter formulierten Satz nicht richtig zur Kenntnis genommen – hatte, sollte sich aber bald zeigen.

Das Hochschulgesetz enthielt den Auftrag an die Universitäten, die Einzelfragen in einer Universitätssatzung (»Grundordnung«) zu regeln; für diese Aufgabe sollte jede Universität ein entsprechendes Gremium einsetzen. Diese »Grundordnungsversammlung« wurde nun in Heidelberg zur Arena für eine äußerst lebhafte, oft kontroverse Auseinandersetzung über grundsätzliche Fragen der Aufgaben und Strukturen der Universität wie auch über viele sich daraus ergebende Einzelfragen. Interessanterweise waren aber die Konstellationen in diesem Gremium ganz andere als in den öffentlich ausgetragenen Auseinandersetzungen mit den protestierenden Studenten. Die dominierenden Studentengruppen hatten zum Boykott der Wahlen zur Grundordnungsversammlung aufgerufen, was fast vollständig befolgt wurde. Bei einer Wahlbeteiligung von ca. 4% wurden einige Studenten des CDU-nahen RCDS (Ring christlich-demokratischer Studenten) in die Versammlung gewählt, die dort aber keine Rolle spielten.

Stattdessen trat eine hochschulpolitische Größe in Erscheinung, die bis dahin in der Öffentlichkeit kaum Beachtung gefunden hatte: der

»Mittelbau«, insbesondere die Assistenten. Sie hatten im Rahmen der Bundesassistentenkonferenz wesentliche Vorarbeiten für eine sinnvolle, demokratische Reform der Hochschulen geleistet.[31] In der Grundordnungsversammlung wurde die Gruppe der Assistenten und Dozenten bald zur treibenden und gestaltenden Kraft. Ich selbst habe sehr intensiv mit ihnen zusammengearbeitet, auch außerhalb der Sitzungen dieses Gremiums, übrigens als einziger Professor. Es ist uns gelungen, jedenfalls einige deutliche Ansätze einer sinnvollen »Demokratisierung« in die Grundordnung einzubringen.

Eines der wichtigsten Elemente war die Gliederung der Universität in fachbezogene Einheiten unterhalb der Ebene der Fakultäten, die »Fachgruppen«. Dadurch sollte allen Angehörigen der Universität die Möglichkeit gegeben werden, in ihrem eigenen unmittelbaren Arbeitsbereich mit zu beraten und, im Rahmen der Gegebenheiten in den einzelnen Fachgebieten, auch mit zu beschließen. Damit war zugleich die alleinige Entscheidungsbefugnis einzelner Professoren als Institutsdirektoren aufgehoben, also genau das, was der Kultusminister – oder jedenfalls das Kultusministerium – die »Erbhöfe der Ordinarien« genannt hatte.

Für alle Universitätsgremien – mit Ausnahme des (Kleinen) Senats – wurde eine paritätische Mitbestimmung vorgeschrieben. Dabei waren die beiden Hauptgruppen die Professoren und die Studenten. Im Großen Senat gab es tatsächlich eine »Drittelparität«: 32 Professoren und 32 Studenten. Dazu weitere 32 Mitglieder aus den verschiedenen Gruppen des »Mittelbaus«. Auf den anderen Ebenen, den Fakultäten und den Fachgruppen, ergaben sich unterschiedliche Paritäten, wobei auf der Ebene der Fakultäten und der Fachgruppen auch die nichtwissenschaftlichen Mitarbeiter vertreten waren. Aber immer waren die Studenten mit einer relevanten Zahl von Vertretern dabei. Dem (Kleinen) Senat gehörten kraft Amtes die Dekane der Fakultäten an, dazu 12 weitere Mitglieder, je 3 Vertreter der Professoren, der Dozenten, der leitenden und anderen wissenschaftlichen Mitarbeiter und der Studenten. Hier waren also die Professoren deutlich in der Mehrzahl.

Es liegt in der Natur der Sache, dass sich das »demokratische« Zusammenwirken der verschiedenen Gruppen in den einzelnen Fachbereichen höchst unterschiedlich gestaltete. In den Bereichen der Medi-

---

31 Vor allem im »Kreuznacher Hochschulkonzept« von 1968. (Schriften der Bundesassistentenkonferenz 1, Bonn 1968).

zin und der Naturwissenschaften änderte sich in den meisten Fachgruppen faktisch nichts an den bisherigen Verhältnissen – man ist versucht zu sagen: »Herrschaftsverhältnissen«. Am anderen Ende der Konfliktskala standen bestimmte Fachbereiche, allen voran das Institut für Politische Wissenschaft, in denen es in Auseinandersetzungen zwischen »linken« Studenten und konservativen Hochschullehrern zu kaum noch beherrschbaren Zuständen kam. Nicht zuletzt durch diese Konflikte und durch die Reaktion des Kultusministeriums darauf wurde schließlich die Grundordnung als solche »abgeschafft«. Aber ich greife vor, und die Details dieser Entwicklung gehören nicht in diese autobiographische Darstellung. Sie sind an anderer Stelle ausführlich behandelt worden.[32]

Rektorat

Für die Realisierung der mit der Grundordnung gegebenen neuen Struktur der akademischen Selbstverwaltung der Universität war die Frage von einiger Bedeutung, wer der erste nach der Grundordnung gewählte Rektor sein würde. Für die Wahl durch den Großen Senat am 31. Januar 1970 kandidierte der Historiker Werner Conze, der seit dem 1. August 1969 für die Übergangszeit bis zur ersten regulären Wahl nach der Grundordnung als Rektor amtierte. Er war in den Monaten seiner Amtszeit in heftige Auseinandersetzungen mit studentischen Gruppen hineingezogen worden – bis hin zu den damals beliebten Eierwürfen; trotzdem war er bereit, wieder zu kandidieren. Nach eingehenden Gesprächen mit der sich schon in der Grundordnungsdebatte abzeichnenden »Reformfraktion« kandidierte ich ebenfalls für dieses Amt. Nach der Grundordnung musste der Rektor ein »ordentlicher Professor« sein, und ich war der einzige in der Reformfraktion, der diese Voraussetzung erfüllte. Die Konstellation war klar: Conze wurde von der großen Mehrheit der Professoren (nach der damaligen Personalstruktur größtenteils Ordinarien) unterstützt, während ich mit einer nicht genauer vorhersehbaren Wählerschaft aus den übrigen Gruppen rechnen konnte. Ich erhielt im ersten Wahlgang von den 136 Stimmen

---

32 Ekkehard Nuissl/Rolf Rendtorff/Wolff-Dietrich Webler, Scheitert die Hochschulreform? Heidelberg zum Exempel, rororo aktuell, 1978, besd. S. 118 ff.

71 (absolute Mehrheit: 69), Conze 60 bei vier Enthaltungen und einer ungültigen Stimme.

Damit begann die dramatischste und aufregendste Phase meines Lebens. Es war zwar nur eine kurze Epoche von knapp drei Jahren, aber in dieser Zeit war nahezu jeder Tag voll von Ereignissen, Auseinandersetzungen und Konflikten.[33] Ich stand in gewisser Weise im Mittelpunkt der Auseinandersetzungen, die durch die Vorgeschichte in der Zeit der Grundordnungsdebatte gleichsam vorprogrammiert waren. Dabei waren die »Konfliktherde« höchst unterschiedlicher Art.

Innerhalb der Universität waren es vor allem die Auseinandersetzungen zwischen den beiden Gruppen der Ordinarien und der linken Studenten. Sie lagen sozusagen in einem strukturellen Streit miteinander. Was sie »einte«, war ironischer Weise die Ablehnung der neuen Grundordnung. Die Ordinarien sahen in der »Demokratisierung« der Universität einen Verrat der alten Universitätsstruktur, und damit zugleich einen Verlust ihrer angestammten Rechte. Deshalb verweigerten und bekämpften sie alles, was von diesem Grundgedanken bestimmt war – und was der Kultusminister Wilhelm Hahn, selbst ein früherer Heidelberger Ordinarius, einige Jahre zuvor als leitende Idee des neuen Hochschulgesetzes bezeichnet hatte: »Die Erbhöfe der Ordinarien sind abgeschafft.« Diese Ablehnung hat sich 1970 in der bundesweiten Gründung des heute noch bestehenden »Bund Freiheit der Wissenschaft« Ausdruck verschafft.

Die Haltung der Studenten war wesentlich komplexer. Wie ich schon berichtet habe, hatten die linken Gruppen zunächst die Mitarbeit in den Gremien verweigert, in denen die neue Ordnung formuliert und dann auch umgesetzt wurde. Während aber in der Grundordnungsversammlung die studentischen Stimmen des RCDS faktisch keine Rolle spielten, gründete sich für die Wahlen zum Großen Senat eine »linksliberale«, der SPD nahe stehende Gruppe: das »hochschulpolitische Kollektiv«, abgekürzt HoPoKo. Diese Gruppe konnte die Mehrzahl der studentischen Sitze im Großen Senat gewinnen und

---

33 Ich habe das Wort »dramatisch« im Blick auf mein Leben zweimal verwendet. Es hat aber jedes Mal eine andere Funktion. Im Zusammenhang mit meiner Begegnung mit Israel und dem Judentum bezeichnet es die tiefgreifende, langfristige Veränderung meines geistigen, theologischen und persönlichen Lebens, im Zusammenhang mit dem Rektorat der Universität Heidelberg hingegen die dramatischen Vorgänge an nahezu jedem einzelnen Tag in dieser relativ kurzen Zeit von drei Jahren, deren Bedeutung aber im Rückblick mehr und mehr verblasst.

bildete damit einen wichtigen Bestandteil der »Reformfraktion«. Besonders wichtig war die gute Zusammenarbeit mit dem Sprecher dieser Gruppe, Christian Wolff. Ein anderes Mitglied dieser Gruppe, Wolff-Dietrich Webler, wurde sogar für die Amtszeit von zwei Jahren zum Vorsitzenden des Großen Senats gewählt. So gab es gute Voraussetzungen für eine kontinuierliche Arbeit im Rahmen der neuen Ordnung.

Dazu trug auch die Wahl von Prorektoren bei, die der Reformfraktion angehörten. Die Grundordnung machte, im Unterschied zum Amt der Rektors, keine Angaben darüber, welcher akademischen Gruppe die zwei zu wählenden Prorektoren angehören sollten. Wir waren also nicht auf die Gruppe der Professoren beschränkt. Ein weiterer wichtiger Punkt war es, dass das Vorschlagsrecht für die Prorektoren beim Rektor lag. Dadurch wurde eine weitgehend homogene Leitungsgruppe gewährleistet. Besonders in den ersten beiden Jahren war die Zusammenarbeit mit dem Juristen Adalbert Podlech und dem Physiker Cornelius Noack sehr eng, so dass wir gemeinsam manche schwierige Situation durchstehen konnten. Beide gaben dann ihre Ämter auf, um ihren eigenen akademischen Weg fortzusetzen. Ihnen folgten in meinem dritten Amtsjahr der Chemiker Thomas Höpner und der Soziologe Kristian Hungar, mit denen die Zusammenarbeit ebenfalls sehr gut war, wenn sie auch schon unter den Vorzeichen des Endes der Reformperiode stand. Dazu später.

Die linken Gruppen der Studentenschaft blieben wiederum außerhalb der offiziellen Gremien. Von ihnen gingen Störungen verschiedenster Art aus, vor allem Vorlesungsstörungen, die für uns schwer überschaubar und natürlich keineswegs kontrollierbar waren. Diese Probleme bildeten gleichsam den Gegenpol zu der Blockadehaltung der Ordinarienfraktion. Die letztere ging sogar so weit, dass ein großer Teil ihrer Mitglieder fast ein Jahr lang seine Mitarbeit im Großen Senat einstellte.

Gleich am Anfang meiner Rektoratszeit entstand ein Problem, das zunächst ganz außerhalb dieser Konstellationen stand: das »Sozialistische Patientenkollektiv« (SPK). Ich will hier jetzt nicht die ganze, höchst komplexe Geschichte dieses Konflikts ausbreiten (die ich mir selbst erst aus den Unterlagen rekonstruieren müsste[34]), sondern will

---

34 Der Konflikt ist aus unserer Sicht dokumentiert in einem Exkurs in »Scheitert die Hochschulreform?«, 73–76, vgl. auch Horst E. Richter, Die Gruppe, 1972, 329–342.

vor allem das berichten, was mich daran selbst betroffen hat. Es begann damit, dass mir wenige Tage nach meinem Amtsantritt am 14. Februar, einem Samstag, die Entlassungsurkunde für den Assistenten in der Psychiatrischen Klinik, Dr. Wolfgang Huber,[35] zur sofortigen Unterschrift vorgelegt wurde. Als ich mich weigerte, die Urkunde ohne nähere Prüfung des Falles zu unterschreiben, wurde von einer eilig einberufenen Versammlung des »Klinikdirektoriums« in einer von allen Klinikdirektoren unterschriebenen Erklärung die sofortige Unterzeichnung der Urkunde verlangt unter Androhung von rechtlichen Schritten gegen den Rektor beim Kultusministerium. Ein Gespräch über das ganze Problem hatte nicht stattgefunden, war auch von keinem der Mediziner versucht oder vorgeschlagen worden.[36]

Hier zeichnete sich eine Konfliktstrategie ab, die in den folgenden Jahren fast zur Routine wurde. Meine Gegenspieler auf der Seite der Ordinarien suchten nicht das Gespräch oder die Diskussion, es wurden nicht Argumente ausgetauscht und geprüft, sondern es wurde der Ordinarienstandpunkt als der unbefragt richtige betrachtet und eine Abweichung davon mit rechtlichen Mitteln bekämpft. Dafür wurde jetzt immer häufiger das Mittel der Dienstaufsichtsbeschwerde eingesetzt. Der erste Fall ereignete sich schon im Februar 1970. Ich hatte anlässlich eines Schülerstreiks gegen den numerus clausus an den Universitäten auf Antrag des ASTA Räume für Diskussionsveranstaltungen der Schüler zur Verfügung gestellt. Plötzlich erhielt ich, ohne dass irgend jemand mir gegenüber rechtliche Bedenken gegen den Schülerstreik oder die Raumvergabe geltend gemacht hätte, die schriftliche Ankündigung einer Dienstaufsichtsbeschwerde gegen mich beim Kultusministerium. Sie wurde von dem Juristen Karl Doehring erhoben, eigenartigerweise nicht in seinem eigenen Namen, sondern in dem seines Kollegen Hanack, der gerade einen Ruf an eine andere Universität angenommen hatte. Die Dienstaufsichtsbeschwerden wurden gleichsam zur Routine; da wir aber bald feststellen konnten, dass sie faktisch nichts bewirkten, haben sie uns dann nicht weiter beunruhigt. Einer der Ordinarien bemerkte einmal ironisch: »Dienstaufsichtsbeschwerden sind frist-, form- und fruchtlos.«

---

35 Es gab damals in der Universität Heidelberg drei Personen mit dem Namen »Dr. Wolfgang Huber«, außer dem im Text Genannten einen weiteren Mediziner und einen Theologen, den jetzigen Bischof von Berlin-Brandenburg.
36 Mehr zum SPK s.u. S. 110ff.

Die rechtlichen Auseinandersetzungen wurden dadurch erheblich zugespitzt, dass in vielen Fällen das Kultusministerium – genauer: der Kultusminister Wilhelm Hahn – einbezogen wurde oder sich selbst einschaltete. So entstand eine Situation, in der es scheinbar um einen persönlichen Machtkampf zwischen Hahn und mir ging. Dieser Eindruck wurde vor allem durch die Presse erzeugt, allen voran die örtlichen und regionalen Zeitungen, bald aber auch darüber hinaus. Wir bekamen damals einen ersten Eindruck von der Auswirkung der »Medien« (der Ausdruck war damals noch nicht gängig) auf die politische, in diesem Fall die hochschulpolitische Arbeit. So entstand von außen betrachtet der Eindruck, dass der Vorlesungsbetrieb in Heidelberg fast zum Erliegen gekommen wäre. Tatsächlich waren aber Vorlesungsstörungen auf einige wenige Fakultäten bzw. Fächer, oft sogar auf einzelne Hochschullehrer beschränkt. Im weitaus größten Teil der Universität lief der Vorlesungsbetrieb völlig »normal« und problemlos. Wir haben damals statistisch festgestellt, dass nur 0,2 Prozent der Lehrveranstaltungen irgendwie beeinträchtigt worden waren.

Es waren vor allem einzelne »Fälle«, die von sich reden machten, d.h. Probleme, die einzelne Hochschullehrer mit ihrer Hörerschaft hatten und die dann auf rechtlicher Ebene eskalierten. Dabei lagen die einzelnen Fälle ganz verschieden je nach der Person des Hochschullehrers und den Interessen der studentischen Gruppen, von denen die »Störungen« ausgingen. Ich will dies kurz an einigen Beispielen skizzieren.[37] Im Sommersemester 1970 wurden die Lehrveranstaltungen des Juristen Hans Schneider massiv blockiert. Eine ad hoc gebildete »Projektgruppe Schneider« hatte aufgerufen, das »terroristische Treiben des reaktionären Juristen Schneider« zu beenden und die Parole ausgegeben: »Schneider liest nie mehr«. Nachdem Schneider gewaltsam am Betreten des Gebäudes der Neuen Universität gehindert worden war, stellte die Juristische Fakultät ihre Lehrveranstaltungen ein. Hier werden zwei Besonderheiten dieser Vorlesungsstörungen sichtbar: Zum einen richteten sich die Angriffe in erster Linie auf die Person Schneider, nicht so sehr auf Fragen der Lehre, wie in anderen Fällen. Zum andern solidarisierte sich der ganze Lehrkörper der Juristischen Fakultät mit Schneider und ergriff nachhaltige Maßnahmen. Während der Semesterferien

---

37 Vgl. die ausführliche Zusammenstellung in »Scheitert die Hochschulreform?«, 94–101.

wurde sogar beantragt, den gesamten Lehrbetrieb der Juristischen Fakultät unter Polizeischutz zu stellen. Diese Auffassung wurde auch vom Kultusministerium vertreten, aber vom Innenministerium abgelehnt. Im Wintersemester 1970/71 beschränkten sich dann die studentischen Aktionen auf eine Anfängerübung, für die schließlich die Lösung gefunden wurde, nur diejenigen Studenten zuzulassen, die sich vorher in eine Teilnehmerliste eingetragen hatten, was durch Ausweiskontrollen überprüft wurde. Damit verliefen sich diese Auseinandersetzungen im Sande.

Von anderer Struktur waren die Auseinandersetzungen im Fach Politische Wissenschaft. Hier vollzog sich in den Vorlesungen und Übungen von Professor Hans-Joachim Arndt ein sich lange hinziehender Konflikt über grundlegende Fragen des Selbstverständnisses des Faches und die daraus sich ergebenden Folgerungen, der von einer kleinen Gruppe von Studenten geschürt wurde. Arndt selbst hat dazu im Dezember 1970 vor dem Großen Senat erklärt, dass man hier nicht von »Störung« sprechen könnte, sondern dass es um »Unterwanderung« und »Umfunktionierung« gehe. Der Umgang mit diesem Konflikt war für alle Beteiligten schwierig, auch für uns als Rektorat, weil ihm mit irgendwelchen »Maßnahmen« nicht beizukommen war. Dies lag vor allem in der besonderen Struktur des Faches Politische Wissenschaft begründet. Insofern wurde die Universität als ganze von diesem Konflikt nur mittelbar betroffen.

Am meisten öffentliches Aufsehen erregte der »Fall Conze«. Er war wiederum ganz auf die Person des Professors für Neuere Geschichte Werner Conze und dessen Auseinandersetzungen mit seinen Hörern bezogen. Die große Aufmerksamkeit, die ihm zuteil wurde, lag zu einem guten Teil an der Prominenz Conzes. Dies gilt einerseits für seine wissenschaftliche Bedeutung im Fach der Neueren Geschichte, insbesondere der von ihm mitbegründeten Sozialgeschichte; andererseits für seine hochschulpolitische Stellung in Heidelberg, wo er 1969 für einige Monate bis zum Inkrafttreten der neuen Grundordnung Rektor war und dann im Januar 1970 als erklärter Kandidat der Ordinarienfraktion für das Amt des Rektors kandidierte. (Er unterlag mit 60:71 Stimmen, s.o.) Der Konflikt entstand im Sommersemester 1971 an der Forderung eines Teils der Studenten, während der Vorlesungen eine Diskussion über den behandelten Gegenstand zuzulassen. Die Debatte über das Ob und Wie solcher Diskussionen »entglitt [...] der Kontrolle der Beteiligten, als die überregionale Presse sich sensationshungrig des

Falles annahm«.[38] Auch die mehrfachen Schlichtungsversuche des Rektorats, wobei Rektor und Prorektoren teils einzeln, teils gemeinsam agierten, sowie des Dekans der Philosophisch-Historischen Fakultät konnten nicht verhindern, dass Conze am 18. Mai seine Lehrtätigkeit vorläufig einstellte. Nach einer zeitweiligen Wiederaufnahme stellte er dann am 15. Juni seine Lehrveranstaltungen für den Rest des Semesters endgültig ein.

Hier ging es vordergründig um die Frage, ob, in welchem Umfang und in welcher Form in den Vorlesungen Diskussionen möglich sein sollten. Dabei war aber allen Beteiligten bewusst, dass in den inhaltlichen Diskussionen auch das zugrunde liegende wissenschaftliche und, zumal in Vorlesungen über neuere Geschichte, politische Konzept Gegenstand der Auseinandersetzung sein würden. Zudem betrachtete Conze die Störungen als Angriff auf seine Position als Hochschullehrer. So kam er, als er zum ersten Mal eine Vorlesung abgebrochen hatte, zu mir ins Rektorat und erklärte, der Staat habe ihm gegenüber eine »Schutzfunktion«, die ich wahrnehmen müsste. Deshalb bemühte er sich auch, die Fakultät mit einzubeziehen. An diesem Punkt zeigte sich wieder ein Unterschied zwischen den verschiedenen Fakultäten. Die Juristische Fakultät stand geschlossen hinter Schneider und befürwortete auch die Einschaltung der Polizei, was aber am Einspruch des Innenministeriums scheiterte. Im Fall Conze schloss sich zwar der größte Teil des Lehrkörpers im Fach Geschichte solidarisch der ersten Einstellung der Vorlesung Conzes an. Die Philosophisch-Historische Fakultät als ganze fasste aber einen sehr viel differenzierteren Beschluss, der das Verhalten Conzes nicht ohne weiteres rechtfertigte. Von Polizeieinsätzen war ohnehin außerhalb der Juristischen Fakultät nie die Rede.

Es gab noch einige kleinere Auseinandersetzungen um Konzepte einzelner Lehrveranstaltungen, die aber kaum über den Kreis der unmittelbar Beteiligten hinaus Aufmerksamkeit erregten. Als Rektor war ich allerdings in den meisten Fällen mit einbezogen. Aber wie gesagt: Die Störungen waren von ihrem Umfang und von ihrer Bedeutung her gesehen für das Ganze der Universität von eher geringer Bedeutung. Das Gleiche gilt für die Auseinandersetzungen um das Sozialistische Patientenkollektiv (SPK), von dem schon die Rede war.[39] Nachdem Dr. Wolfgang Huber Ende Februar 1970 entlassen worden war, besetzten

---

38 Ebd., 98.
39 S.o. S. 106.

die Mitglieder des SPK das Dienstzimmer des Verwaltungsdirektors der Universitätskliniken und kündigten dort einen Hungerstreik an. Ich wurde von der Klinikleitung zu Hilfe gerufen und diskutierte mit den Streikenden ihre Forderungen. Da auch die bei den Verhandlungen anwesenden Ärzte nicht ausschließen konnten, dass durch die Entlassung Hubers eine ernste Gefährdung einzelner Patienten eingetreten sei und durch die Ablehnung ihrer Forderungen verschärft werden würde, einigte man sich schließlich unter Zustimmung der anwesenden medizinischen Dekane auf einen Kompromiss: Dr. Huber wurden außerhalb des Universitätsgeländes von der Universität angemietete Räume überlassen zur Weiterbehandlung seiner Patienten bis zum 30. September 1970.

Die Mediziner zeigten sich bei der ganzen Angelegenheit sehr kooperativ und hilfsbereit, nicht zuletzt auch bei der Beschaffung geeigneter Räumlichkeiten. Ganz im Gegensatz dazu stand das Verhalten der Juristen. Schon während der Verhandlungen in der Klinik rief mich Prof. Karl Doehring an und verlangte in schroffem Ton: »Holen Sie sofort die Polizei!« Deutlicher und krasser konnte der Unterschied, ja der Gegensatz in dem, was in der damals gegebenen Hochschulsituation sinnvoller Weise getan oder zumindest versucht werden sollte, kaum zum Ausdruck kommen. Ich habe ja schon vorgegriffen und die Forderung nach einem Einschalten der Polizei bei den Vorlesungsstörungen erwähnt. Hier trat diese Haltung am Anfang meiner Rektoratszeit zum ersten Mal so deutlich zu Tage.

Die Geschichte des SPK verlief trotz dieses positiven Beginns negativ. Die Kompromisse und Vereinbarungen scheiterten vor allem an der Frage der »freien Rezeptur«, d.h. der Forderung der Anerkennung von Rezepten, die Dr. Huber ausgestellt hatte, durch die Krankenkassen; dies erwies sich aus rechtlichen Gründen als nicht möglich. Im Laufe der Auseinandersetzungen kam es am 6. Juli 1970 zur Besetzung meines Dienstzimmers im Rektorat. Eine wechselnde Gruppe von Studenten ließ sich buchstäblich mit Kind und Kegel Tag und Nacht in meinem Zimmer nieder. Wir hatten ja schon einige Erfahrungen mit solchen Aktionen, so dass wir versuchen konnten, die Dinge so undramatisch wie möglich zu nehmen und unsere Arbeit möglichst reibungslos weiterzuführen. Dabei half uns ganz wesentlich, dass wir seit kurzem eine junge Sekretärin in unserem Vorzimmer hatten, die sehr unbefangen und souverän mit den Besetzern und dem ständigen Kommen und Gehen von SPK-Mitgliedern umging. Die ältere, langjährige

Rektoratssekretärin hatte sich versetzen lassen, weil sie mit dem neuen Stil im Rektorat, ohne »Magnifizenz«, mit offenen Türen und dem unangemeldeten Kommen von Studenten, nicht zu Rande kam.

So verlegte ich meine Tätigkeit in das Zimmer eines der Prorektoren, von wo aus ich neben vielen anderen Verpflichtungen auch die weitere Diskussion um die Zukunft des SPK führte. Das SPK forderte jetzt die Anerkennung als Bestandteil der Universität und die Überlassung entsprechender Räume (zwei Häuser!) für therapeutische Zwecke. Der Verwaltungsrat der Universität stimmte schließlich zu, dass der Versuch unternommen werden sollte, das Projekt des SPK unter einem noch zu bildenden Kuratorium als Einrichtung an der Universität (so genanntes »An-Institut«) durchzuführen. Daraufhin verließen die SPK-Mitglieder nach fünftägiger Besetzung das Rektorat.

Als Grundlage für die weitere Entscheidung waren Gutachten erbeten worden. Hier spielte die engagierte Mitarbeit von Professor Horst-Eberhard Richter eine große Rolle. Die Besetzer des SPK hatten ausdrücklich darum gebeten, dass er kommen und mit ihnen diskutieren solle. Er tat dies auch sehr prompt. Ich werde nie vergessen, wie er in das voll besetzte Rektorzimmer hineinging und sich zwischen die Studenten auf den Fußboden setzte. Bei dem Gespräch war ich natürlich nicht dabei, aber sein Gutachten spiegelt Einiges davon wider. Richter erklärte sich dann auch bereit, sein Gutachten in einer Sitzung des Senats selbst vorzutragen.[40] Darin empfahl er trotz mancher kritischer Einwände die Förderung des SPK. Auch die Medizinische Fakultät hatte Gutachten eingeholt, die natürlich negativ waren.

Schließlich scheiterten aber alle Bemühungen in dieser Sache durch einen Erlass des Kultusministeriums vom 18. September, mit dem der Beschluss des Verwaltungsrats vom 9. Juli, sich um die Einrichtung eines An-Instituts zu bemühen, aufgehoben wurde. Die Universität wurde aufgefordert, für die Räumung der dem SPK überlassenen Räume nach dem 30. September Sorge zu tragen. Die weitere Geschichte des SPK gehört dann nicht mehr in den Bereich dessen, wofür wir uns einsetzen konnten und eingesetzt haben. Das SPK löste sich im Juli 1971 auf.

Noch ein weiteres Thema hat in der Öffentlichkeit Beachtung gefunden: der »Polk-Brief«. Im Mai 1970 erhielten der Rektor und die

---

40 Der volle Wortlaut des Gutachtens findet sich in Richters in Anm. 34 genanntem Buch, S. 332–339.

Prorektoren der Universität eine Einladung des Oberbefehlshabers der NATO Heeresgruppe Mitte, des amerikanischen Generals James Polk, zur Teilnahme an dem traditionellen CENTAG-Sommerball. Kurze Zeit zuvor hatte die Invasion amerikanischer Truppen in Kambodscha vom südvietnamesischen Territorium aus stattgefunden. Am 4. Mai waren in Kent im amerikanischen Bundesstaat Ohio vier Studenten bei einer Demonstration gegen den Krieg in Südostasien grundlos von Nationalgardisten erschossen worden. In dieser Situation erschien es uns als höchst unangemessen, an einem öffentlichen Ball mit »Cocktails, Tanz, Unterhaltung und kaltem Büfett« teilzunehmen. Ich selbst wusste zunächst nicht, wie wir darauf reagieren sollten. Aber mein damaliger Persönlicher Referent Victor Pfaff und die Prorektoren drängten darauf, dass wir diese Einladung öffentlich ablehnen sollten. Ich fügte mich dem schließlich, womit ich aber die volle Mitverantwortung (de facto die Hauptverantwortung) übernommen habe. Die Formulierungen erscheinen mir im Rückblick unnötig schroff (»Wir weisen die Einladung zurück«), aber die Solidarisierung »mit jenen Präsidenten amerikanischer Hochschulen, die aus Protest gegen die Invasion in Kambodscha die Hochschule geschlossen« hielten, war zweifellos berechtigt und angemessen, zumal der amerikanische Vizepräsident Agnew wenig später von den protestierenden Dozenten und Studenten amerikanischer Hochschulen erklärte, dass dieser »Stoßtrupp [...] festgestellt und aus dem sonst gesunden Körper der Hochschulgemeinschaft entfernt« werden müsse, »bevor er ihn wie Krebs zerstöre«.

Die Reaktion auf diesen Brief war, wie zu erwarten, heftig. Kultusminister Hahn und Ministerpräsident Filbinger distanzierten sich in Briefen an General Polk öffentlich von unserem Brief. Hahn versicherte in seiner Eigenschaft als Heidelberger Abgeordneter, »dass wir mit der Bundesregierung den eindeutigen Wunsch haben, Sie und Ihre Soldaten als unsere Freunde in unserem Land zu haben und zu behalten« (was wir ja nicht in Frage gestellt hatten). Filbinger missbilligte unser Verhalten »aus schärfste« und erklärte, dass unsere Meinung von der baden-württembergischen Bevölkerung nicht geteilt werde. In der Universität selbst distanzierten sich 12 Mitglieder der Juristischen Fakultät persönlich (nachdem eine Sondersitzung der Fakultät am 15. Juni gestört worden war) »von Form und Inhalt des offenen Briefes« und erklärten, dass wir zwar als »schlichte Staatsbürger« selbstverständlich das Recht hätten, eine derartige Meinung »als Privatmann« zu veröffentlichen, dass wir aber als Beamte und als »Repräsentanten der Universitätsgesamtheit [...] zur Abgabe von außenpolitischen Beurteilungen keinerlei Kompetenz« hätten. »Es besteht der Anschein, dass der Rektor und die Prorektoren mit dem offenen Brief an General Polk ihr Amt pflichtwidrig missbraucht haben, um es persönlichen politischen Ansichten und Ambitionen dienstbar zu machen.« Die Unterzeichner erhoben mit dieser Erklärung Dienstaufsichtsbeschwerde beim Kultusminister (wie nicht anders zu erwarten[41]). Andererseits fand unser Brief ein unerwartet großes Echo über die Grenzen der Bundesrepublik hinaus. Neben einer großen Anzahl von Privatpersonen solidarisierte sich eine ganze Anzahl von Institutionen und Personengruppen mit dem Schritt des Heidelberger Rektorats.

Nun habe ich sehr ausführlich von den Konflikten gesprochen, die in der Öffentlichkeit Aufmerksamkeit gefunden haben. Ich habe aber auch schon mehrfach betont, dass diese Probleme keineswegs die Universität als Ganze betroffen haben, und dass auch unsere Tätigkeit im Rektorat nicht davon bestimmt wurde. Es gab sehr viel laufende Arbeit, in die wir uns hineinfinden mussten. Dies wurde uns sehr erleichtert durch die kooperative Haltung der Mitarbeiter der Verwaltung, über die ich auch im Rückblick nur sehr positiv sprechen kann. Dies gilt insbesondere auch für die Zusammenarbeit mit dem Kanzler Dr. Klaus Kübler, der in dieses neu geschaffene Amt gewählt wurde. Auch die enge, tägliche Zusammenarbeit mit dem Leiter der Pressestelle Ekkehard Nuissl war ein wichtiges Element.

Eine besondere Rolle spielt die Arbeit in und mit den Gremien. Am wichtigsten war der (Kleine) Senat. Laut Grundordnung hatte er über »alle Angelegenheiten der Universität« zu entscheiden, »soweit sie nicht durch Gesetz oder Grundordnung einem anderen Organ übertragen sind«. Er tagte sehr häufig (nach meiner Erinnerung während des Semesters oft wöchentlich) und war durch seine Zusammensetzung der entscheidende Ort für die laufenden hochschulpolitischen Auseinandersetzungen. Die Hochschullehrer waren zwar in der Mehrheit; da aber nicht alle Dekane Ordinarien waren, hatten wir gleichwohl bei kritischen Abstimmungen meistens eine, wenn auch knappe, Mehrheit. (Manchmal mussten wir eine Diskussion so lange hinziehen, bis durch ein verspätet eintreffendes Senatsmitglied unsere Mehrheit sichergestellt war.) Hier ging es oft um Rechtsfragen, und die Juristen –

---

41 S.o. S. 107.

allen voran der mir stets gegenüber sitzende Professor Doehring – versuchten natürlich, die anstehenden Fragen in ihrem Sinne zu entscheiden. Bei solchen Diskussionen kam mir sehr zugute, dass wir die Fragen in aller Regel schon im Rektorat diskutiert hatten und ich durch den Prorektor Podlech, meinen Persönlichen Referenten (während der längsten Zeit Gerhard Härdle, der ein promovierter Jurist war) und den Leiter der Rechtsabteilung der Verwaltung, Torsten von Podewils, bestens präpariert war.

Der Große Senat muss laut Grundordnung »mindestens einmal jährlich« einberufen werden. Während meiner Rektoratszeit geschah dies jedoch in der Regel mindestens einmal monatlich. Da die Sitzungen öffentlich waren, war dies für uns eine wichtige Plattform, um die Gesamtheit der Universitätsmitglieder an der Diskussion und der Entscheidungsfindung in wichtigen hochschulpolitischen Fragen Anteil nehmen zu lassen. Auch der lang anhaltende Boykott des Großen Senats durch die Ordinarien, von dem ich schon berichtet habe,[42] hinderte uns nicht an einer ausführlichen öffentlichen Diskussion aller wichtigen Fragen.

Das dritte Gremium, dem in mancher Hinsicht entscheidende Bedeutung zukam, war der Verwaltungsrat. Dieses zahlenmäßig kleine Gremium (Rektor, Kanzler und vier vom Senat gewählte Mitglieder, von denen mindestens drei Hochschullehrer sein mussten) hatte eine Fülle von Aufgaben im Bereich der Verwaltung und Planung der Universität. Wenn auch die Mehrzahl der zu behandelnden Themen nicht im engeren Sinne politisch bzw. hochschulpolitisch war, so hatten doch viele von ihnen mittelbare Auswirkungen, die über das rein Verwaltungsmäßige hinausgingen. Deshalb war auch hier die Besetzung von einer nicht unwesentlichen Bedeutung. Dabei bewährte sich besonders die gute Zusammenarbeit mit dem Kanzler. Die übrige Zusammensetzung wechselte während meiner Amtszeit, aber es gab kaum ernsthafte Differenzen. Die Arbeit war allerdings recht zeitaufwändig; mein Kalender zeigt mir, dass der Verwaltungsrat während des Semesters in der Regel wöchentlich zusammentrat, manchmal sogar mehrmals in einer Woche.

Eine große Rolle spielten schließlich die Gremien außerhalb der eigenen Universität. Allen voran die »Westdeutsche Rektorenkonferenz« (WRK), in der alle Universitäten vertreten waren. Zu den regelmäßigen

---

42 S.o. S. 106.

Sitzungen kamen in der Regel die Rektoren selbst. Allerdings begann das Bild schon etwas bunter zu werden, vor allem dadurch, dass einige Universitäten anstelle des Rektors das Amt des Präsidenten eingeführt hatten, der nicht Hochschullehrer sein musste. So saßen damals in der WRK eine Reihe von Präsidenten, deren akademischer Status der eines Assistenten war: Peter Fischer-Appelt in Hamburg, Rolf Kreibich an der Freien Universität Berlin und Alexander Wittkowsky an der Technischen Universität Berlin; die Universität München war regelmäßig durch den Prorektor Peter Glotz vertreten, ebenfalls ein Assistent. Insgesamt war aber die WRK eher ein Gremium, das sich in den vertrauten Bahnen der alten (Ordinarien-)Universität bewegte. Ähnliches galt für die Landesrektorenkonferenz Baden-Württemberg, die mir im wesentlichen als ein lockerer Zusammenschluss zum Gedankenaustausch in Erinnerung ist, zumal sie keine eigenen Kompetenzen hatte.

Daneben begannen Bemühungen um eine Kooperation der Universitäten mit den übrigen akademischen Einrichtungen, d.h. vor allem den Pädagogischen und technischen Hochschulen. Dabei wurde der Begriff »Gesamthochschule« als Zielvorstellung gebraucht, noch bevor Institutionen mit diesem Namen gegründet wurden. In mehr oder weniger regelmäßig tagenden Zusammenkünften wurden Vorstellungen und Erfahrungen formuliert und ausgetauscht. Aus dieser Zeit habe ich die Kooperation mit dem Rektor der Pädagogischen Hochschule Heidelberg, Prof. Klaus Engelhardt (später Landesbischof und Vorsitzender des Rates der Evangelischen Kirche in Deutschland) in besonders guter Erinnerung.

Dazu kamen Auslandsreisen, z.B. nach England zu einer deutsch-englischen Rektorenkonferenz (April 1971) und nach Montreal zu einem internationalen Treffen von Hochschulrepräsentanten (August/September 1970); so kam ich zum ersten Mal nach Nordamerika, wobei ich auch noch einen kurzen Abstecher in die USA machen konnte.

Es war also ein sehr vielschichtiges Programm, das regelmäßig zu bewältigen war. (An dieser Stelle muss ich den zuverlässigen, im guten alten Sinne »treuen« Fahrer des mir zur Verfügung stehenden Dienstwagens, Herrn Scharfenecker, nennen. Er war ein älterer Mann, kurz vor der Pensionierung stehend, mit einem ganz zuverlässigen Gedächtnis. Ich hätte gar keinen Kalender gebraucht, denn ich konnte morgens Herrn Scharfenecker fragen: »Wo müssen wir heute hin?«) Daneben liefen auch meine Verpflichtungen in anderen Bereichen weiter, vor allem in den Themenkreisen Deutschland-Israel sowie Juden und Christen. Hier waren vor allem die regelmäßigen Zusammenkünfte der Deutsch-Israelischen Gesellschaft sowie der Studienkommission »Kirche und Judentum« wahrzunehmen. So war ich voll »eingespannt«. Ich habe das aber nicht als Belastung empfunden, zumal ich bei dem meisten von dem, was zu tun war, persönlich engagiert war. Für die Familie blieb natürlich wenig Zeit. Aber die Kinder wuchsen heran, und die Älteren von ihnen gingen längst ihre eigenen Wege. Und in jedem Jahr fand sich die Zeit für drei, manchmal sogar vier Wochen am Strand des Kattegatt in Nykøbing.

Noch eine Bemerkung zum äußeren Erscheinungsbild und zum Stil dieses Rektorats. Wenn ich heute Bilder von akademischen Festakten und Empfängen sehe, auch und gerade in Heidelberg, wird mir bewusst, wie anders es damals bei uns zuging. Es gab keine repräsentativen Auftritte, von »Rektoratsfesten« ganz zu schweigen. Die schöne, altehrwürdige Rektorkette lag während der drei Jahre meines Rektorats unberührt in ihrem einbruchsicheren Glaskasten. Ich wäre auch nie auf die Idee gekommen, sie zu benutzen. (Auch die Prorektorkette teilte das gleiche Geschick – bis zum Sommersemester 1972, als einer der gegen mein Votum gewählten Prorektoren [s.u.] die Universität Heidelberg an einer ausländischen Universität mit dieser Kette repräsentierte.) Ich vermute allerdings, dass in diesen unruhigen Zeiten auch an anderen Universitäten die traditionellen repräsentativen Veranstaltungen und Selbstdarstellungen in den Hintergrund getreten sind.

Der Anfang vom Ende

Zwei Jahre liefen die Dinge im Rektorat in der geschilderten Weise, voller Spannungen, aber überschaubar und so, dass wir das Gefühl hatten, unsere eigene Rektoratspolitik zu treiben. (Mit »wir« meine ich vor allem Rektor und Prorektoren, dazu auch den Persönlichen Referenten und den Kanzler.) Das änderte sich Anfang 1972. Am 17. Januar war eine Neuwahl des Rektors fällig. Die Amtszeit des Rektors begann offiziell jeweils mit dem Beginn des Wintersemesters. Durch das verspätete Inkrafttreten der Grundordnung hatte meine Amtszeit zwar erst gegen Ende des Wintersemesters 1969/70 begonnen, endete aber gleichwohl mit Ablauf des Sommersemesters 1972. Die Neuwahl des Rektors musste nach den Bestimmungen am Ende des Wintersemesters stattfinden.

Ich hatte nicht die Absicht, noch einmal zu kandidieren, weil die Hochschulpolitik ja nicht mein Beruf werden sollte und ich mich wieder meiner Lehr- und Forschungstätigkeit zuwenden wollte, für die ich noch viele Pläne hatte. Aber wer sollte mein Nachfolger werden? Es war für uns klar, dass es ein der Reformfraktion angehörender oder ihr nahe stehender Kandidat sein musste. So führte ich Gespräche mit mehreren Kollegen, die dafür in Betracht gekommen wären. Leider ergab es sich aber, dass jeder von ihnen einleuchtende Gründe hatte, dieses Amt jetzt nicht anzustreben. So entschloss ich mich nach eingehenden Beratungen innerhalb unseres Kreises, selbst noch einmal zu kandidieren. Die Ordinarienseite hatte den derzeitigen Dekan der Fakultät Chemie, Prof. Klaus Ebert, als Gegenkandidaten nominiert. Das Ergebnis entsprach genau dem bei meiner ersten Wahl: Mit 71 von 137 abgegebenen Stimmen erhielt ich im ersten Wahlgang die absolute Mehrheit. Das zeigte eine erstaunliche und für unsere Rektoratspolitik natürlich sehr erfreuliche Kontinuität.

Aber die Freude währte nicht lange. Nach den geltenden Bestimmungen wurde zu Beginn des Sommersemesters der Große Senat neu gewählt. Dabei gab es nun zwei einschneidende Änderungen. Zum einen zeigte sich, dass eine Reihe von Angehörigen des Mittelbaus, die einen sehr wesentlichen Bestandteil der Reformfraktion gebildet hatten, mit Blick auf ihre eigene akademische Karriere nicht mehr für den Großen Senat kandidierten. An ihre Stelle rückten Kandidaten nach, die der Gegenfraktion angehörten oder ihr nahe standen. Damit war unsere Mehrheit schon dahin. Die zweite Änderung bestand darin, dass die »linken« Studenten eingesehen hatten, dass ein bloßer Boykott der akademische Gremien ihrer eigenen Politik nicht nützte, sondern eher schadete. Also riefen sie die Studenten auf, sie zu wählen. Das führte zu einer Fragmentierung der studentischen Gruppen im Großen Senat, so dass die sichere Stütze der Rektoratspolitik durch das HoPoKo wesentlich geschwächt wurde.

Die Folgen dieser Veränderungen zeigten sich alsbald bei der Wahl der Prorektoren. Nach der Grundordnung schlägt der Rektor »dem Großen Senat die Kandidaten für die zu wählenden Prorektoren vor.« Erst nach dreimaliger Ablehnung der von ihm Vorgeschlagenen »findet die Wahl ohne Bindung an einen Vorschlag des Rektors statt«. So geschah es denn auch, wobei ich das dreimalige Vorschlagsrecht nicht ausnutzen konnte, nachdem sich gezeigt hatte, dass es gar nicht genügend Kandidaten gab, die sich dieser von vornherein aussichtslosen

Prozedur unterziehen wollten. So wurden denn im Juni 1972 zwei von der jetzigen Mehrheit des Großen Senats vorgeschlagene Prorektoren gewählt: der Chemiker Prof. Klaus Ebert, der schon gegen mich für das Amt des Rektors kandidiert hatte, und der Anglist Prof. Hans-Joachim Zimmermann, der bisher hochschulpolitisch nicht hervorgetreten war.

Damit begann für mich eine sehr schwierige Zeit. Ich war im Rektorat faktisch allein. Bislang war ich gewohnt, täglich, manchmal sogar mehrmals am Tag, mit den Prorektoren oder jedenfalls mit einem von ihnen laufende Probleme zu erörtern. Dabei ging es keineswegs nur um Konfliktfälle, wenn auch gerade bei diesen die ausführliche Abstimmung unseres Verhaltens wichtig war. Manchmal mussten auch schnelle Entscheidungen getroffen werden, deren mögliche Auswirkungen aber besprochen werden mussten. Dies alles fiel nun weg. Ich versuchte, so viel wie möglich allein zu tun, aber die neuen Prorektoren forderten, mit gutem Recht, an der Arbeit des Rektorats aktiv beteiligt zu werden. So einigten wir uns darauf, dass jeder von ihnen für bestimmte Themenbereiche verantwortlich sein sollte, wobei ich mich bemühte, ihnen möglichst Themen zuzuweisen, die weniger »politisch« waren. Charakteristisch war z.B., dass sie bei einer Einladung, die Universität Heidelberg bei einer Veranstaltung einer italienischen Universität zu vertreten (die ich sonst »zu den Akten« gelegt hätte), begeistert zugriffen. Sie einigten sich darauf, dass Herr Zimmermann diese Aufgabe übernehmen sollte, der dann stolz mit der schon erwähnten Prorektorkette nach Italien fuhr. (Übrigens erzählte er hinterher, dass die Kette bei der Gepäckkontrolle am Flughafen durch ihren ungewohnten Metallgehalt aufgefallen war.)

So war die Zusammenarbeit mit den Prorektoren nicht besonders problematisch. Aber sie gehörten natürlich der jetzt dominierenden hochschulpolitischen Mehrheit an, von der, zusammen mit dem Kultusministerium, immer wieder die Forderung nach meinem Rücktritt erhoben wurde. Ich hielt mich aber für verpflichtet, so lange wie möglich begonnene Arbeiten fortzusetzen. Das betraf nicht zuletzt den Verwaltungsrat, der Einiges in Gang gebracht hatte, und bei dem sich der Wechsel der Mehrheiten viel weniger bemerkbar machte.

Doch es wurde immer schwieriger, und ich kam immer häufiger in die Situation, dass vor allem im Senat Mehrheitsentscheidungen gegen meine Stimme zustande kamen, deren Folgerungen ich dann gleichwohl durchzuführen hatte. Schließlich trat immer deutlicher die politische Seite in den Vordergrund, natürlich auch durch die Medien. Kultusminister Hahn und Ministerpräsident Filbinger machten keinen Hehl daraus, dass sie mich so bald wie möglich los sein wollten. In der aufgeheizten bundespolitischen Situation (im April Misstrauensvotum gegen Willy Brandt, dann negativ beantwortete Vertrauensfrage im Bundestag, Auflösung des Bundestages und vorgezogene Neuwahlen) wurde dann auch die Situation in Heidelberg mit einem Rektor, der Mitglied der SPD war, bis in den Bundestag hinein als Argument der Gegenseite benutzt. Das führte mich zu dem Entschluss, meinen inzwischen unvermeidlich gewordenen Rücktritt bis zur Bundestagswahl aufzuschieben. So erklärte ich meinen Rücktritt gegenüber dem Senat mit dem 18. November 1972, dem Tag vor der Bundestagswahl. Meine entsprechende Erklärung gab ich mit Sperrfrist 24 Uhr an die Presse, um sicherzustellen, dass sie einerseits nicht vor der Wahl bekannt würde, andererseits nicht der Eindruck entstehen könnte, mein Entschluss sei durch das Wahlergebnis beeinflusst worden. Im Radio hörte ich dann um Mitternacht die Mitteilung von meinem Rücktritt.

9. Nach dem Rektorat (1973ff)

Was bleibt?

Ein merkwürdiges Gefühl: Jahrelange hochschulpolitische Arbeit, davon drei Jahre voll höchster Intensität und Anspannung an herausgehobener Stelle – und nun plötzlich nichts mehr von alledem? Für die »offizielle« Universität war ich eine Gefährdung von »Recht und Ordnung«, die nun erst einmal wiederhergestellt werden mussten, wie es der nächste Rektor, Professor Hubert Niederländer, gebetsmühlenartig am Anfang seiner Rechenschaftsberichte betonte. Gewiss, eine bestimmte »Ordnung«, wie andere sie verstanden, hatte in diesen Jahren ihre dominierende Funktion verloren. Aber das Recht? Die am meisten öffentlich diskutierten Auseinandersetzungen mit dem Kultusministerium waren ja gerade juristische Streitfragen gewesen, und wir hatten in den meisten Fällen jedenfalls in der ersten Instanz Recht bekommen. (Warum die zweite Instanz oft anders entschied, blieb mir als Nichtjuristen unverständlich.) Jedoch konnte mir niemals der begründete Vorwurf gemacht werden, dass ich gegen das Recht gehandelt hätte. Aber »Law and Order« ist ja ohnehin nur ein politisches Schlagwort.

Weitere Beispiele: Von dem Mediziner Professor Schettler wird berichtet, er habe gesagt: »Als Rektor der Uni Heidelberg hat der Theologe Rendtorff nichts unversucht gelassen, die Struktur der Universität zu zerstören«. Und der Jurist Doehring resümierte im Rückblick auf die Reihe der Rektoren nach mir: »Niederländer hat den Dreck weggefahren, der von Rendtorff übrig geblieben war, Laufs hat der Universität Würde gegeben, zu Putlitz Ansehen«. Nun ja, die alten Konservativen hatten ihre alte Universität noch einmal gerettet.[43] Das bedeutete

---

43 Kürzlich bekam ich die Autobiographie des auch von mir sehr geschätzten Physiologen Hans Schäfer in die Hand. Er resümiert diese Zeit so: »Es war beschämend anzusehen, wie alle Maßgebenden, das Establishment von Hochschule und Politik, auf einen Frieden bedacht waren, der de facto Unterwerfung war. Eine mutige Heidelberger Rektorin, *Margot Becke*, steuerte fast unbehelligt einen harten Kurs, aber vorher und nachher war man weich, bis ein Jurist, *Niederländer*, Rektor wurde, das Gesetz anwandte, ein paar Rädelsführer verhaften ließ, vor Gericht stellte, und

zugleich, dass ich für die »offizielle« Universität nicht nur persona non grata, sondern inexistent geworden war. Ich bin seither niemals zu irgendeiner offiziellen Veranstaltung der Universität eingeladen worden. Bedauert habe ich es eigentlich nur einmal: als mein alter treuer Fahrer Scharfenecker in den Ruhestand ging, gab es in der Zeitung ein Bild von ihm, umgeben von den Rektoren, die er gefahren hatte – ohne mich. Aber das spiegelte ja nur wider, was ich in den drei Jahren meines Rektorats täglich erfahren hatte. Im übrigen bestehen die Vorbehalte – to say the least – auch heute noch (2005). So wollte die Fakultät anlässlich meines 80. Geburtstags einen Akademischen Festakt in der Alten Aula der Universität veranstalten. Dazu hätte es der Genehmigung des Rektors bedurft, der bei derartigen Anlässen auch oft selbst präsent ist (mit Grußwort u. dgl.). Aber, wie mir vertraulich versichert wurde: »Der Rektor wollte nicht.« Wenn ich allerdings die Jahresberichte der Universität ansehe, in denen sich der Rektor mit Talar und Rektorkette in den verschiedensten Posen darstellt, kann ich gut verstehen, dass ich in seiner Ahnenreihe nur stören würde. Also fand der Festakt in der Hochschule für Jüdische Studien statt, an deren Gründung vor 25 Jahren ich aktiv beteiligt war, und das war gewiss mehr als nur ein Ersatz.

In der Umgebung der Universität konnte ich beide Seiten erfahren. Nach meiner Rückkehr in den normalen Lehrbetrieb führte mich mein täglicher Weg wieder, wie schon in den Jahren davor, vom Theologischen Seminar, wo ich »meine« Bibliothek, mein Zimmer und meinen Platz in der Tiefgarage hatte, durch die Hauptstraße zur Universität, manchmal mehrmals am Tag. Da konnte es passieren, dass mir ein »Kollege« entgegenkam, der angestrengt in ein Schaufenster starrte, um mich nicht sehen und womöglich grüßen bzw. meinen Gruß erwidern zu müssen. Wenn ich dann aber zum »Italiener« an der Ecke gegenüber der Heiliggeist-Kirche einbog, kam mir der Wirt mit einladend ausgebreiteten Armen und einem lauten »Professore!« entgegen. Und in der Buchhandlung am Universitätsplatz nannten sie mich noch Jahre später »Rektor Rendtorff«. In dieser Umgebung konnte ich weiterhin gut leben!

Übrigens war meine Fakultät immer solidarisch mit mir. Gewiss gab es unter den Fakultätskollegen manche, die nicht mit dem einverstan-

---

hohe Kosten von ihnen durch Klage eintrieb. Der Spuk war im Nu beendet. Heidelberg hatte sich in eine Bastion verwandelt, die anzugreifen sinnlos war.« (Hans Schäfer, Erkenntnisse und Bekenntnisse eines Wissenschaftlers, 1986, 192).

den waren, was ich machte. Aber sie trugen das nicht an die Öffentlichkeit, und in einigen kritischen Fällen (s. später) haben sie sogar öffentlich ihre Solidarität mit mir erklärt.

So hätte ich in den gewohnten Rhythmus meiner akademischen Arbeit zurückkehren können. Aber das erwies sich als nicht so einfach. Zwar nahm ich meine reguläre Vorlesungstätigkeit wieder auf, nachdem ich während der Rektoratsjahre nur jeweils ein Oberseminar gehalten hatte – übrigens mit der unersetzbaren Hilfe meines inzwischen verstorbenen Assistenten Konrad Rupprecht. Dabei machte sich aber eine Veränderung der studentischen Interessen bemerkbar. Die starke Politisierung hatte dazu geführt, dass das Interesse an den »klassischen« Fächern der Theologie, so auch am AT, nachgelassen hatte. Vor allem bestand wenig Interesse an der Behandlung biblischer Texte mit den herkömmlichen Methoden der modernen kritischen Bibelwissenschaft. Gegenwartsbezug war gefragt. So empfahlen mir Studenten, ich solle doch umsatteln auf »Praktische Theologie« – als ob man einfach von heute auf morgen das Fach wechseln könnte! Ich habe zu den Studenten im Scherz gesagt, wenn sie mir für zwei Jahre mein Gehalt zahlen würden, dann könnte ich mich in ein neues Fach einarbeiten.

Hochschulpolitische Ausflüge

Aber das war nur ein Aspekt meiner damaligen Situation. Er korrespondierte mit meinem eigenen Interesse an hochschulpolitischer, und dann auch in steigendem Maße politischer Tätigkeit. Noch während meines sich dem Ende zuneigenden Rektorats bekam ich einen Anruf und dann den Besuch eines Professors, der an der im Entstehen begriffenen Universität Essen zur Gruppe der Gründer gehörte. Sie suchten einen geeigneten Kandidaten für das Amt des Gründungsrektors. Ob ich das nicht machen wolle. Der Gedanke faszinierte mich, und ich wäre gern darauf eingegangen. Ich rief den damaligen Ministerpräsidenten von Nordrhein-Westfalen Johannes Rau an und fragte ihn »unter Genossen« nach seiner Meinung. Er erklärte mir, dass man beschlossen habe, als Gründungsrektor nur jemanden zu berufen, dessen Fach an der neuen Universität vertreten sein würde, so dass er nach dem Ende der Rektoratszeit auf einen Lehrstuhl in der betreffenden Fakultät überwechseln könnte. Leider war aber Theologie für Essen nicht vorgesehen. Schade! Aber die Frage einer Funktion in der Hochschulleitung hat mich in den nächsten Jahren in verschiedenen Variationen begleitet.

Sie wurde schon bald wieder akut. Im Bundesland Hessen war 1971 ein »Landeshochschulverband« ins Leben gerufen worden. Darin sollten alle Hochschulen des Landes, also Gesamthochschulen, Universitäten, Kunsthochschulen und Fachhochschulen, zusammengeschlossen werden mit einer weitgehenden Selbständigkeit gegenüber dem Kultusministerium, nicht zuletzt auch mit einem eigenen gemeinsamen Etat, über dessen Verwendung das Gremium selbst durch sein Kuratorium entscheiden sollte. Jetzt stand die Wahl des Präsidenten an. Ich hatte schon zuvor mit einigen Fachhochschulen des Landes Kontakt und wurde nun von ihnen zur Kandidatur aufgefordert. Diese Aufgabe hätte mich außerordentlich gereizt. Dabei war die hochschulpolitische Konstellation im Kuratorium des Landeshochschulverbandes ähnlich wie zuvor in Heidelberg: Die Fachhochschulen und ihnen nahe stehende Gruppen befürworteten meine Kandidatur, während die noch von Ordinarien dominierten Universitäten und ihnen Nahestehende sie ablehnten. Aber es wurde eine klare Mehrheit für meine Wahl erwartet. Der Wahltermin durch das Kuratorium war für den 19. März 1973 anberaumt. Unmittelbar davor erreichte mich ein Anruf einer dem Kultusminister Ludwig von Friedeburg politisch nahe stehenden »Quelle«, die mir erklärte, dass Friedeburg mich im Falle meiner Wahl nicht ernennen würde, weil er gerade durch die Berufung des Juristen Erhard Denninger als Leiter der Hochschulabteilung große Schwierigkeiten bekommen hatte und sich einen weiteren »linken« Sozialdemokraten nicht leisten könne und wolle. Dem wollte ich mich nicht aussetzen und erklärte deshalb in einem Eilbrief unmittelbar in die Sitzung des Kuratoriums hinein die Zurückziehung meiner Kandidatur. Das war's dann mal wieder. Schade!

Noch zweimal wurde die Frage einer Funktion in der Hochschulleitung für mich akut. (Ich greife dafür zeitlich weit vor und stelle die Behandlung anderer außeruniversitärer Aktivitäten in diesen Jahren zunächst zurück.) Zunächst Hamburg: Im Herbst 1978 besuchte mich eine Gruppe von jüngeren Angehörigen des Lehrkörpers der Universität Hamburg, die eigens für dieses Gespräch mit dem Auto von Hamburg nach Heidelberg gekommen waren. Sie erzählten mir, dass die Amtszeit des Präsidenten der Universität Hamburg, Peter Fischer-Appelt, mit Ablauf des Jahres endete und dass sie einen anderen Rektor wollten. Sie hätten s.Zt. bei der Wahl Fischer-Appelts gehofft, dass er als langjähriger Assistent eine Politik treiben würde, die andere Akzente setzte gegenüber der herkömmlichen Ordinarien-Politik. Inzwischen sei er aber hochschulpolitisch ganz auf die Ordinarienlinie eingeschwenkt. Ich habe daraufhin allerlei Gespräche geführt und bin auch nach Hamburg gefahren. In einem persönlichen Gespräch mit Fischer-Appelt, den ich ja schon aus der gemeinsamen Zeit in der Rektorenkonferenz kannte, zeigte sich dieser sehr indigniert, dass ich gegen ihn kandidierte, wo er doch seine erfolgreiche Arbeit fortsetzen wollte. Ich erklärte ihm, dass die Stelle ausgeschrieben sei und mich interessierte, woraus ich das gute Recht ableitete, mich zu bewerben. Ein besonders markantes Erlebnis hatte ich dann bei einem Treffen mit den Ordinarienvertretern, bei dem ich ganz unverblümt gefragt wurde, was ich mir eigentlich dächte, mit meiner Heidelberger Vergangenheit für dieses Amt in Hamburg zu kandidieren. Dann gab es auch Gespräche mit Vertretern der (angeblich eher links orientierten) »Reformfraktion« der Professoren. Hier entstand ein im Rückblick bemerkenswertes »Missverständnis«: Ich rief zu einem vereinbarten Termin den Sprecher dieser Gruppe an, um deren Stellungnahme zu meiner Kandidatur zu erfahren. Die Antwort lautete: »Wir würden es begrüßen, wenn Sie kandidierten.« Naiverweise verstand ich das als Ankündigung, dass diese Gruppe mich wählen würde. Aber am Morgen des Wahltages holten mich einige Angehörige der Gruppe, die mich s.Zt. in Heidelberg besucht hatten, am Bahnhof ab und informierten mich darüber, dass die »Reformfraktion« nur ein Interesse daran hätte, dass Fischer-Appelt durch das Vorhandensein eines Gegenkandidaten einen Dämpfer bekäme, dass sie ihn aber gleichwohl wählen würden. Sie baten mich aber, meine Kandidatur erst unmittelbar in der Wahlversammlung zurückzuziehen und entsprechend zu begründen, damit auch die (in der Tat zahlreich anwesenden) studentischen Vertreter dies mitbekommen würden. Das tat ich dann auch, entfaltete noch einmal kurz meine hochschulpolitische Konzeption und nannte dann deutlich das »Missverständnis« und meine Interpretation. Das gab lautstarken Protest aus der »Reformfraktion« heraus. Aber der als Versammlungsleiter amtierende Vizepräsident ließ (vernünftigerweise) keine Diskussion darüber im Rahmen der Sitzung zu, da ich nach meinem Rücktritt nicht mehr Mitglied der Versammlung sei. So wurde Fischer-Appelt ohne Gegenkandidaten mit 38 von 64 Stimmen wieder gewählt.

Hier hatte mich also (wieder einmal, wie sich noch zeigen wird) meine Heidelberger Vergangenheit eingeholt. Hinzu kam aber noch eine Pressekampagne. In der Silvester-Ausgabe der ZEIT wurde in einem langen Artikel behauptet, meine Kandidatur sei von den Interessen der in Hamburg regierenden SPD bestimmt, die mir auch schon konkrete Zusagen gemacht hätte. Alles war frei erfunden, ich hatte keinerlei Kontakte zur Hamburger SPD. Aber dieser Artikel lässt etwas von der Atmosphäre erkennen, in der die Präsidentenwahl stattfand, und hat wohl auch die Stimmung bestimmter Kreise und Gruppen gegen mich noch zusätzlich beeinflusst.

Schließlich gab es noch einmal eine vergleichbare Situation in Bremen. Dort war 1982 der Präsident Alexander Wittkowsky zurückgetreten, den ich schon als damaligen Präsidenten der Technischen Universität Berlin aus der Rektorenkonferenz kannte. Ich wurde eingeladen, mich zu bewerben. (Ich weiß nicht mehr von wem). Ich bin nach Bremen gefahren und habe mit verschiedenen Leuten gesprochen, u.a. mit dem früheren Heidelberger Prorektor Cornelius Noack, der dort eine Professur hat, sowie mit zuständigen Leuten im Wissenschaftsressort der Hansestadt. Dabei wurde deutlich, dass an einem auswärtigen Kandidaten kein Interesse bestünde. »Laut Radio Bremen wird dem Ex-Rektor der Universität Heidelberg, Rolf Rendtorff, aus dem Wissenschaftsressort unverblümt erklärt, der Senator werde ihn auch dann nicht zum Rektor berufen, wenn er vom damals dafür zuständigen Konvent mit Mehrheit gewählt würde.« (So das Zentrale Universitäts-Archiv der Uni Bremen.[44]) Ich konnte also unverrichteter Dinge wieder abreisen, ohne dass es diesmal zu einer Auseinandersetzung gekommen wäre.

Dies war dann auch das Ende meiner hochschulpolitischen »Ausflüge«. Aber noch nicht das Ende meiner »Ausflüge« überhaupt. Die Evangelische Akademie Arnoldshain mit ihrem Leiter Martin Stöhr war seit vielen Jahren ein Kristallisationspunkt für die verschiedensten Aktivitäten im Bereich der christlich-jüdischen Beziehungen. So traf und trifft sich hier regelmäßig die Arbeitsgemeinschaft Juden und Christen des Deutschen Evangelischen Kirchentages, und hier wurde u.a. das Programm »Studium in Israel« geboren und entwickelt, dessen regelmäßige Zusammenkünfte weiterhin meistens dort stattfinden. Als Martin Stöhr 1986 aus der Leitung ausschied, um andere Aufgaben zu übernehmen, stellte sich die Frage seiner Nachfolge. In einem Gespräch

---

44 »Histörchen« in der Bremer Universitätszeitung BUS (Bremer Uni-Schlüssel) Nr. 67, Februar 2002.

darüber mit Mitarbeitern der Akademie fragte mich plötzlich einer von ihnen, ob ich das nicht machen wolle. Das war für mich ein ganz neuer, überraschender Gedanke. Aber da die Zeit meiner Tätigkeit an der Universität sich dem Ende zuneigte – ich war damals 61 Jahre alt –, ich mir aber durchaus noch andere Tätigkeiten danach vorstellen konnte, begann ich über diese Frage nachzudenken. Ich sah ein Feld von gesellschaftlichen Themen im weitesten Sinne vor mir, aus dem man für die Arbeit der Akademie auswählen und planen könnte, und fing schon an, mögliche oder denkbare Themen zusammenzustellen. Ich hatte mit einigen Mitgliedern des Kollegiums der Studienleiter vereinbart, im persönlichen Gespräch mein Interesse zu bekunden, mich aber nicht förmlich zu bewerben. Sie gaben dies an den »Kleinen Konvent« weiter, bei dem die Entscheidungsbefugnis für die Wahl eines neuen Akademiedirektors lag. Von dort wurde ich dann im November 1986 zu einem Gespräch eingeladen.

Jetzt schien alles glatt zu laufen. Ich wurde nominiert, es fanden Gespräche statt bis hin zur Kirchenleitung der zuständigen Evangelischen Kirche von Hessen und Nassau, wo auch der Kirchenpräsident zeitweilig an dem Gespräch teilnahm. Ich wurde auch schon in das leer stehende Haus geführt, in dem Martin Stöhr mit seiner Familie gewohnt hatte und das ich beziehen könnte. Auf der anderen Seite führte ich Gespräche mit der Heidelberger Universitätsverwaltung und dem Kultusministerium, um die rechtlichen Fragen meines vorzeitigen Ausscheidens zu klären. Es bedurfte nur noch eines definitiven Beschlusses des Kleinen Konvents, der nach dem bisherigen Verlauf der Dinge als sicher erschien. Das erwies sich aber als Irrtum. In einer Sitzung im Februar 1987 entschied sich die Mehrheit der Mitglieder dieses Gremiums (in geheimer Abstimmung) gegen meine Berufung. Damit hatte im Grunde niemand gerechnet, und es herrschte bei vielen Zorn und Empörung. Martin Stöhr schrieb mir: »Ich schäme mich für Arnoldshain«, Ekkehard Stegemann: »Was für eine schändliche und feige Gesellschaft!« Der Hintergrund war offenbar eine personelle Veränderung in der Zusammensetzung des Kleinen Konvents, wodurch sich ein Verschiebung nach »rechts« ergeben hatte. Ein Mitglied des Kleinen Konvents schrieb mir einen Brief, in dem er versuchte, unter Wahrung der Vertraulichkeit etwas zu den Hintergründen zu sagen. Darin hieß es: »Ganz sicher hat der Gesichtspunkt eine Rolle gespielt, auf dem Platz des Direktors eine Persönlichkeit sehen zu wollen, die vor allem auch außerhalb der Akademie, nach außen, im gesellschaftlichen Bereich weniger stark politisch geprägt erscheint.« Hier wurde der wohl wichtigste Grund gegen meine Ernennung ausgesprochen: Ich war zu »links«. Andere Argumente wurden nach vorne gespielt, u.a. meine »Doppelalimentierung« durch die Pensionsbezüge aus dem universitären Amt, was ich besonders schäbig fand, zumal dies im Gespräch mit der Kirchenverwaltung abgeklärt worden war. Besonders verletzend war für mich bei der ganzen Sache, dass ich ja nicht gegen einen anderen Bewerber verloren hatte, sondern dass es einfach ein »Nein« zu meiner Person war. Aber eben ein politisches Nein, was die Sache nicht schöner, aber doch letzten Endes für mich persönlich erträglicher machte. Jedenfalls hatte mich meine Heidelberger Vergangenheit wieder einmal eingeholt, inzwischen verstärkt durch parteipolitische Aktivitäten, vom denen noch die Rede sein muss.

Damit waren meine »Ausflüge« zunächst beendet. Was nach meiner Emeritierung noch folgte, gehört in ein späteres Kapitel.[45]

Parteipolitische Exkursionen

Seit meiner Mitgliedschaft in der SPD habe ich mehr oder weniger regelmäßig an Veranstaltungen der Parteigremien im örtlichen und regionalen Bereich teilgenommen. Während meines Rektorats ergaben sich dann bei manchen Themen, z.B. dem der Gesamthochschule, auch Berührungen zwischen hochschulpolitischen und parteipolitischen Aspekten, vor allem auch durch bestimmte Personen. An ein weitergehendes parteipolitisches Engagement hatte ich aber bis dahin nicht gedacht. Dann kam eines Tages, es muss wohl Anfang 1973 gewesen sein, am Spätnachmittag ein Anruf: Wir haben heute Abend Mitgliederversammlung, wollen einen Kreisvorsitzenden wählen und können uns nicht auf einen Kandidaten einigen. Willst du nicht Kreisvorsitzender werden? Nie hatte ich eine solche Idee gehabt. Aber ich ging hin und wurde innerhalb von fünf Minuten Kreisvorsitzender der Heidelberger SPD.

Damit kam eine Entwicklung in Gang, von der die nächsten Jahre weitgehend bestimmt wurden. In der Heidelberger SPD gab es zunächst eine Komplikation, die ihren Grund in meinem gleichzeitigen Engagement in ganz unterschiedlichen Bereichen hatte. Ich hatte

---

45 S.u. S. 135ff.

schon vor einiger Zeit von der Hebräischen Universität Jerusalem eine offizielle Einladung als Gastprofessor für ein Semester erhalten.[46] Ich hatte darum gebeten, die Wahrnehmung dieser Einladung bis nach Beendigung meines Rektorats verschieben zu dürfen. Jetzt wollte und musste ich sie aber wahrnehmen. Daran hatte ich bei der plötzlichen Wahl zum Kreisvorsitzenden nicht gedacht. Ich schrieb also nach Jerusalem, dass ich nun gerne zum Wintersemester 1973/74 diese Einladung annehmen wollte. Das musste ich natürlich auch den Mitgliedern des SPD-Kreisverbandes mitteilen, was für einige Unruhe sorgte. Ich konnte durchaus verstehen, dass einige meinten, jetzt müsse doch der Kreisvorsitz die Priorität haben. Aber für mich lagen die Dinge anders, so dass ich beschloss, diese seltene Gelegenheit zu einem solchen ehrenvollen und für mich wichtigen offiziellen Aufenthalt in Jerusalem wahrzunehmen.

Für meine Tätigkeit in der SPD bedeutete das allerdings, dass ich mich im folgenden Jahr nicht zur Wiederwahl für den Kreisvorsitz stellte, weil mir deutlich gemacht worden war, dass es nach meiner mehrmonatigen Abwesenheit keine Mehrheit für mich geben würde. Aber das schmerzte mich nicht allzu sehr, weil das Amt ja ohnehin fast zufällig und ohne mein Zutun auf mich zugekommen war. Im übrigen hatte meine Wahl zum Kreisvorsitzenden auch zur Folge, dass ich zu anderen Parteigremien Zugang bekam, so wurde ich Mitglied des Landesvorstandes und Delegierter zum Bundesparteitag.

Gleichzeitig kam aber ein anderes Projekt in Blick. Alex Möller, der seit vielen Jahren den Wahlkreis Heidelberg im Bundestag vertrat, wollte 1976 mit 73 Jahren nicht noch einmal kandidieren. Es musste also ein neuer Kandidat gefunden werden. Viele ermunterten mich dazu, mich der Auswahl des Kandidaten innerhalb des Wahlkreises, zu stellen. Es waren übrigens teilweise die gleichen Leute, die mir von der erneuten Kandidatur für den Kreisvorsitz abgeraten hatten; ihr Argument: hier gälten andere Kriterien als die der fürsorglichen Anwesenheit in der örtlichen Partei. In der Wahlkreiskonferenz gab es dann lebhafte Diskussionen und eine Reihe von Wahlgängen, bis ich schließlich die Stichwahl gegen den Juristen Hartmut Soell gewann. (Soell wurde dann 1980 Bundestagsabgeordneter.)

Aber damit war ich noch lange nicht im Bundestag. Dazwischen lag nicht nur der Wahlkampf, sondern auch der Kampf um die Platzierung

---

46 S.o. S. 82.

auf der Landesliste. Hier zeigte sich eine grundlegende Schwierigkeit für mich als »Seiteneinsteiger« in das parteipolitische Geschehen: Ich hatte keine Lobby, die mich dabei unterstützen konnte. So kam es zu einer Rivalität zwischen Gert Weisskirchen, der im Nachbarwahlkreis kandidierte, und mir. Auf einer Versammlung der Jusos, bei der wir beide anwesend waren, sagte er den Versammelten: In zwei Wahlkreisen direkt nebeneinander, Stadt und Land Heidelberg, kann nur einer eine gute Position haben; also entscheidet euch, wen ihr auf der Landesliste haben wollt. So kam er auf einen sicheren Platz (23), während ich weiter unten auf Platz 26 landete. Dieser Platz wäre bei dem Wahlergebnis von 1972 noch sicher gewesen, so dass mir manche schon zu meinem vermeintlich sicheren Einzug in den Bundestag gratulierten. Aber 1976 war er dann bei dem sehr viel schlechteren Wahlergebnis der SPD der erste, der nicht ausreichte. So war ich der erste »Nachrücker«; aber in den vier Jahren dieser Legislaturperiode schied kein baden-württembergischer Abgeordneter aus, so dass aus dem Nachrücken nichts wurde. Übrigens habe ich mich mit Gert Weisskirchen später wieder freundschaftlich arrangiert; er hat dann sogar bei der Veranstaltung zu meinem 65. Geburtstag gesprochen.

Aber zunächst musste der Wahlkampf geführt werden. Das war wiederum eine Zeit äußerster Anspannung und Betriebsamkeit. Aber die Situation war ganz anders als in der Zeit der hochschulpolitischen Auseinandersetzungen und des Rektorats. Damals waren es die Themen selbst, für die ich mich engagierte und die mir im wesentlichen vertraut waren; zudem hatte ich es fast immer mit einem akademischen Publikum zu tun. Jetzt musste ich vor ganz verschiedenen Gremien und bei ganz verschiedenen Anlässen reden oder jedenfalls präsent sein: von der Maikundgebung bis zu örtlichen Sängerfesten und Altenehrungen, vor Frauengruppen, Studentenverbindungen, dem Reichsbanner Schwarz-Rot-Gold, einer örtlichen Marinekameradschaft und den Naturfreunden, bei einem Bieranstich oder der Einweihung eines von mir gestifteten Spielgeräts – um nur einiges zu nennen.

Oft waren es mehrere Veranstaltungen am Tag, bei denen ich in der einen oder anderen Funktion anwesend sein musste. Die Themen, über die ich selbst zu referieren hatte, waren breit gestreut. Es gab allgemeine politische Themen oder auch speziell auf die SPD und/oder den bevorstehenden Wahlkampf ausgerichtete. Dabei konnte ich mich gelegentlich in vertrautem Gelände bewegen, so bei einer Zielgruppenveranstaltung für Pfarrer und kirchliche Mitarbeiter. Aber vieles musste ich mir erst selbst aneignen. Dabei blieb es in manchen Fällen bei der Weitergabe von Aussagen, die ich aus Informationsmaterial übernommen hatte, ohne dass ich sie selbst nachprüfen konnte. So klingt mir noch im Ohr, dass ich wieder und wieder versicherte: »Die Renten sind sicher!«, obwohl ich keinen Einblick in die Zusammenhänge hatte und sie mir in der Kürze der Zeit auch nicht verschaffen konnte. Dabei fungierte ich in einer Reihe von Veranstaltungen als Hauptredner, in anderen musste ich an einer Diskussion teilnehmen oder auch nur präsent sein, wie z.B. bei einem Zielgruppengespräch mit Gärtnern in der Großmarkthalle; aber das war wichtig für die Presseberichte am nächsten Tag.

Wohin ich während dieser Zeit innerhalb des Wahlkreises kam, grüßte mich mein Bild von jedem Laternenpfahl. Die Wahlkampfzentrale in Bonn hatte den Prominenten-Fotografen Josef-Heinrich (Jupp) Darchinger zu mir geschickt. Er machte eine ganze Serie von Aufnahmen, von denen wir eine aussuchten für ein Plakat, das dann überall prangte. Außerdem gab es Prospekte, bei denen besonders das Familienleben incl. Gartenarbeit vorgestellt wurde. Nun ja, das musste wohl sein.

In einer Reihe von Fällen war ich Begleiter eines oder einer prominenten »Genossen« oder »Genossin«, die zur Unterstützung meines Wahlkampfes angereist waren, wie z.B. Herta Däubler-Gmelin, Heidemarie Wieczorek-Zeul, Erhard Eppler, Volker Hauff, Heinz Westphal, Horst Ehmke – und Willy Brandt! Um ihn zu einer Veranstaltung zu bekommen, musste man eine entsprechend große Halle zur Verfügung haben, was glücklicherweise in einem Ort in meinem Wahlkreis der Fall war.

So saß ich neben Willy Brandt auf dem Podium – was die entsprechenden Pressefotos zur Folge hatte – und vor allem beim anschließenden Mittagessen. Dabei sagte ich im Gespräch, dass ich es doch bemerkenswert fände, dass sich jetzt im Wahlkampf alle SPD-Kandidaten, rechte wie linke, zusammenfänden unter der Parole »Helmut Schmidt muss Kanzler bleiben«. Er sah mich von der Seite an und sagte: »Leider meinen dann aber viele, es müsste auch nach der Wahl so bleiben.« Er wusste, dass ich zu denen gehörte, die diesen Slogan nur sozusagen mit zusammengebissenen Zähnen verkündeten. Links von mir saß übrigens Erhard Eppler, und die beiden unterhielten sich amüsiert über Helmut Kohls literarische »Bildung«.

Es waren aber nicht nur »Genossen«, die uns im Wahlkampf unterstützten, sondern auch Kollegen verschiedenster Disziplinen.

Besonders wichtig war mir, dass Horst-Eberhard Richter kam; viele der Jüngeren wussten, welche Rolle er in den Auseinandersetzungen mit dem »SPK« gespielt hatte.[47] Er hielt nur einen kurzen Vortrag und wollte dann mit den zahlreichen studentischen Zuhörern diskutieren. Professor Günter Altner sprach über »Umweltschutz als gesellschaftliche und kommunale Aufgabe« – ein Thema, das damals noch kaum ins allgemeine Bewusstsein gedrungen war; Professor Caspar Kulenkampff referierte über »Die politischen Konsequenzen aus dem Bericht der Enquete-Kommission zur Lage der Psychiatrie« – auch ein damals noch nicht so viel diskutiertes Thema. In meinem Kalender ist auch ein Vortrag von Bischof Kurt Scharf verzeichnet; allerdings denke ich, dass dieser Vortrag nicht im Rahmen des Wahlkampfes stattfand, dass ich dort aber Präsenz gezeigt habe, natürlich mit Wissen und Einverständnis von Kurt Scharf.

Dies alles hätte ich natürlich nicht alleine zustande bringen und bewältigen können. Die wichtigste Voraussetzung für das Gelingen war die regelmäßige und zuverlässige Mitarbeit und Zuarbeit eines »Assistenten«. Auf Grund der gemeinsamen Vorgeschichte[48] lag es für mich nahe, Christian Wolff zu fragen, ob er diese Funktion übernehmen wollte. Seine Zusage gab meiner Arbeit in dieser angespannten Zeit einen sicheren, zuverlässigen Rahmen. Dazu trug auch bei, dass mir Alex Möller, obwohl er mit meiner Kandidatur und mit der Auswahl des Assistenten nicht einverstanden war, sein zentral gelegenes Wahlkreisbüro zu Verfügung stellte. So wurde dies zur »Wahlkampfzentrale«. Was hier im einzelnen vor sich ging, insbesondere was die Kontakte und Planungen mit den verschiedenen Gremien und Orten meines Auftretens angeht, geschah weithin ohne meine Mitwirkung. Oft wurde ich erst informiert, wenn feststand, wann und wo ich in welcher Funktion in Aktion treten sollte. Bei der Planung und Vorbereitung wirkten natürlich viele mit, vor allem in den Ortsvereinen.

Dazu kamen auch Einzelinitiativen. Besonders einfallsreich waren die Aktionen der Gruppe »Wähler-Initiative Rendtorff«, abgekürzt »WIR«. Sie ging aus von einigen meiner Studenten, die in den zum Wahlkreis gehörenden kleineren Ortschaften wohnten und selbst aktiv am Wahlkampf teilnehmen wollten. Sie sammelten Gleichgesinnte und Interessenten in diesen Orten, die sie in ihrer Werbung ausdrück-

---

47 S.o. S. 112.
48 S.o. S. 106.

lich aufzählten: Altlußheim, Hockenheim, Ketsch, Neulußheim, Oftersheim, Plankstadt, Reilingen und Schwetzingen. Die Gruppe agierte von einem Kleinbus aus, auf dem in großen Lettern »WIR« zu lesen stand und vorne ein großes Bild von mir prangte. Einmal veranstalteten sie in einem der am Rhein gelegenen Orte ein sommerliches Fest, zu dem ich eigens mit einem Motorboot hingefahren wurde, von dem aus ich dann von der Landungsbrücke unter lautem Hallo zu den Versammelten stieß. (Übrigens wurde bei solchen Versammlungen gelegentlich mit Missfallen bemerkt, dass ich kein Bier trank. Es bekam mir einfach nicht.)

Aber dann holte mich meine Vergangenheit wieder ein. Auf dem Höhepunkt des Wahlkampfes tauchten Flugblätter auf, in denen mir von einer »Aktion Heidelberger Bürger« vorgeworfen wurde, ich sei »erfahren durch langjährige vertrauensvolle Zusammenarbeit mit Kommunisten«. Meine engsten Mitarbeiter im Rektorat seien Kommunisten gewesen, und auch in der dem Rektor zugeordneten Pressestelle hätten überwiegend Kommunisten gesessen. Ich habe sofort eine Einstweilige Verfügung gegen die Behauptungen dieses Flugblattes erwirkt. Dessen ungeachtet erklärte Kultusminister Hahn in einer Wahlversammlung der CDU, dass die Aussagen des Flugblatts im wesentlichen wahr und nachweisbar seien. Deshalb musste ich auch gegen Hahn eine Einstweilige Verfügung erwirken, was noch eine Auseinandersetzung vor Gericht zur Folge hatte.

Unterstützung bekam ich hingegen von den verschiedensten Seiten innerhalb und außerhalb der Universität. Der Kanzler der Universität, Dr. Klaus Kübler, reagierte sofort mit einer öffentlichen Darlegung aller während meiner Amtszeit im Bereich des Rektorats und der Pressestelle tätigen Personen im Blick auf ihre politische Zugehörigkeit und etwaige entsprechende Aktivitäten, womit die Haltlosigkeit der Aussagen des Flugblatts klar erwiesen war. Besonders wichtig war mir eine öffentliche Solidaritätserklärung von zahlreichen Angehörigen des Lehrkörpers meiner Theologischen Fakultät, die unter dem Titel »Vertrauen für Rolf Rendtorff« eine groß herausgehobene Anzeige in der Rhein-Neckar-Zeitung veröffentlichten. Auch Erhard Eppler, der SPD-Landesvorsitzende, meldete sich mit einer positiven Wertung meiner Tätigkeit während der Rektoratszeit zu Wort, und eine Initiative »Hochschulmitglieder für Rendtorff« plädierte für meine Wahl.

Aber dann folgten auch Angriffe auf meine Person. Dabei schoss mein alter Erzfeind Prof. Karl Doehring den Vogel ab mit einem großformatigen Offenen Brief in der RNZ, in dem er die Leser aufforderte, mich auf keinen Fall zu wählen. Denn »für das hohe Amt, das er anstrebt, fehlt ihm die Eignung in einem solchen Maße, dass seine Wahl eine politische Gefahr bedeutet.« Sein Hauptargument: »Rolf Rendtorff war und ist nicht in der Lage, die Grenzen zwischen Politik und Recht zu erkennen.« Er exemplifizierte dieses Urteil an einigen der großen Auseinandersetzungen, die wir während meiner Rektoratszeit ausgetragen haben, und die er natürlich aus seiner Sicht darstellte. Sein Fazit: »Seine Unfähigkeit, dem Recht sich auch dann unterzuordnen, wenn seine politischen Wünsche entgegenstanden, verdanken Universität und Stadt Heidelberg die bittersten Erlebnisse der letzten Jahre.« (Wortlaut nach RNZ vom 20.9.1976.) Die CDU-Geschäftsstelle ließ diesen Text als Flugblatt »in immer neuen Farben drucken, um es immer wieder unter die Leute zu bringen«, schreibt »Die Welt« am 30. September in einem Artikel mit der Überschrift »Der Krieg der Flugblätter in Heidelberg«. Darin ist von sieben Wählerinitiativen die Rede, pro und contra. (Ich habe sie nicht gezählt.)

Diese Kampagne hat wohl ihre Wirkung auf das Wählerverhalten nicht verfehlt. Das gilt besonders für die Wahlbezirke in der Stadt Heidelberg, während die zum Wahlkreis gehörenden Umlandgemeinden davon kaum berührt wurden. In den städtischen Bezirken, vor allem in den »bürgerlichen« jenseits des Neckar, herrschten zudem noch Vorurteile gegen mich auf Grund meiner Rektoratszeit, an die diese Kampagne gut anknüpfen konnte. So hatte ich ein ganz anderes »Image« als mein Vorgänger, der Allianz-Generaldirektor Alex Möller, der den Wahlkreis in den vergangenen Legislaturperioden regelmäßig gewonnen hatte. So kam es denn, wie es kommen musste. Ich gewann den Wahlkreis nicht direkt, und mein Listenplatz war angesichts des schwachen Wahlergebnisses der erste, der nicht für ein Mandat ausreichte. Dabei gab es für mich noch ein gewisses Kuriosum: Ich wohnte damals ein paar Kilometer nördlich von Heidelberg in Schriesheim, das zum Wahlkreis des Kollegen Schachtschabel aus Mannheim gehörte. Er hatte als »Rechter« keinen Platz auf der Landesliste bekommen, putzte aber buchstäblich die Klinken in seinem Wahlkreis. Ich habe meine beiden Stimmen selbstverständlich für die SPD und ihren Wahlkreiskandidaten abgegeben, auch auf die Gefahr hin, dass es die zwei Stimmen sein könnten, die ihn rein und mich raus bringen. Es waren dann aber ein paar hundert Stimmen, die ihm den Wiedereinzug in den Bundestag ermöglichten.

Ich hatte also die Wahl verloren und war nun der erste »Nachrücker« auf der baden-württembergischen Landesliste. Aber während dieser Legislaturperiode schied keiner der Abgeordneten aus. Nach einer gewissen Zeit hätte ich es mir auch sehr überlegt, ob ein verspätetes Nachrücken sinnvoll wäre, wenn im Bundestag alles läuft, alle Funktionen und Ausschusssitze vergeben sind usw. Aber, wie gesagt, ich wurde nicht vor diese Entscheidung gestellt.

Damit war meine politische »Karriere« faktisch beendet. Im Rückblick wird deutlich, dass damit zugleich eine Phase von Aktivitäten außerhalb meiner wissenschaftlichen Laufbahn zu Ende ging. Sie begann mit den hochschulpolitischen Diskussionen Ende der sechziger Jahre, die zu meinem Rektorat 1970–1972 führten, und endete 1976 mit der für mich verlorenen Bundestagswahl. Ein naher Beobachter meinte, diese Phase sei auch Ausdruck einer Midlife crisis gewesen; daran mag wohl etwas Richtiges sein.

Zurück am Schreibtisch

So kehrte ich wieder zu meiner Arbeit am Schreibtisch zurück. Allerdings ist das Wort »Schreibtisch« hier in einem weiteren Sinne als Unterscheidung gegenüber hochschulpolitischen und politischen Tätigkeiten zu verstehen. Denn auch in den Jahren vor meinem Rektorat geschah meine Arbeit ja keineswegs nur im engeren Sinne am Schreibtisch. Ich habe ausführlich über die Gründung der Deutsch-Israelischen Gesellschaft und danach des Deutsch-Israelischen Arbeitskreises für Frieden im Nahen Osten sowie des Programms »Studium in Israel« berichtet.[49] Die Arbeit in diesen Gremien hat über die Jahre hin viel Zeit in Anspruch genommen. Das gilt auch für die Studienkommission »Kirche und Judentum« der EKD, vor allem in den Zeiten der Ausarbeitung der Studie »Christen und Juden«, die 1975 herauskam. Die Arbeit in der DIG war in diesen Jahren in eine Krise geraten, die 1977 zu meinem Austritt führte und einige Monate später zur Gründung des DIAK, dessen Vorsitzender ich dann bis 1986 war. Die Studie »Christen und Juden II« erschien 1991, kurz nach meiner Emeritierung, und markierte für mich zugleich den Abschluss meiner Arbeit in diesem Gremium.

---

49 S.o. S. 86ff. und 97f.

Diese Aktivitäten standen in unmittelbarem Zusammenhang mit meiner Arbeit am Schreibtisch. Sie konnten nun, teilweise in verstärktem Ausmaß, wieder aufgenommen und fortgesetzt werden. Das Gleiche gilt auch für Vorlesungen, Seminare, Betreuung von wissenschaftlichen Arbeiten usw. Aber nun war auch wieder Zeit für die eigene wissenschaftliche Arbeit und entsprechende Publikationen. In diesen Jahren entstand ein neuer methodischer Ansatz im Umgang mit dem Alten Testament (AT), der weitgehende Auswirkungen für meine Arbeit haben sollte. Aus der Sicht meiner Publikationen und der ihnen zugrunde liegenden öffentlichen Diskussion erscheint die politische Phase des Wahlkampfes fast wie ein Zwischenspiel. 1974 hielt ich bei einem internationalen Alttestamentlerkongress in Edinburgh – veranstaltet von der International Organization for the Study of the Old Testament (IOSOT) – einen Vortrag mit dem Titel: *Der »Jahwist« als Theologe? Zum Dilemma der Pentateuchkritik.*[50] Er bildete die Voraussetzung für mein 1977 erschienenes Buch *Das überlieferungsgeschichtliche Problem des Pentateuch.*[51] Dazwischen lag der Wahlkampf, der die Weiterentwicklung meines neuen methodischen Ansatzes zwar verzögert, aber nicht beeinträchtigt hat.

Hier muss ich einen forschungsgeschichtlichen Exkurs einschieben. In der deutschen alttestamentlichen Wissenschaft herrschte bis vor einigen Jahrzehnten fast unbestritten die »historisch-kritische« Auslegungsmethode. Sie betrachtet die Texte des AT (bzw. der Hebräischen Bibel) vornehmlich unter historischen Gesichtspunkten. Dabei geht sie von der Erkenntnis aus, dass die Texte sprachlich und inhaltlich nicht einheitlich sind, und versucht, durch »literarkritische« Analysen ältere – und darum als »ursprünglicher« betrachtete – Textstadien herauszuarbeiten und sie nach ihrer vermutlichen Entstehungszeit bestimmten Stadien der Geschichte Israels und damit auch unterschiedlichen Kreisen der israelitischen Gesellschaft zuzuordnen. Der wichtigste Bereich für diese Forschung war und ist das große Textkorpus am Anfang der Hebräischen Bibel, der »Pentateuch«, der die ersten fünf Bücher Genesis, Exodus, Leviticus, Numeri und Deuteronomium (von Luther als die »Fünf Bücher Mose« bezeichnet) umfasst; von manchen Exegeten

---

50 Congress Volume Edinburgh 1974. Supplements to Vetus Testamentum 28, 1975, 158–166.
51 Beihefte zur Zeitschrift für die alttestamentliche Wissenschaft 147, 1977.

wird das Buch Josua als zu diesem Korpus gehörig betrachtet, so dass man dann vom »Hexateuch« spricht.

Seit Ende des 19. Jahrhunderts hat sich die Annahme durchgesetzt, dass die Texte des Pentateuch (bzw. Hexateuch) verschiedenen »Quellen« zugehören, die ursprünglich selbständig waren und später von »Redaktoren« zu dem jetzt vorliegenden Text verbunden worden sind. Diese »Quellen« versucht man, ebenso wie die Redaktionsarbeit, in ihrem Alter und ihrer Herkunft aus näher zu bestimmen. Nach Anfängen gegen Ende des achtzehnten Jahrhunderts entwickelte Julius Wellhausen in den Jahren seit 1876 eine Konzeption, die unter dem Namen »Neuere Urkundenhypothese« bald allgemeine Anerkennung fand. Danach ist der Pentateuch – oder nach Wellhausen der Hexateuch – aus vier »Quellen« zusammengewachsen: zwei erzählende Quellen, der »Jahwist«, gekennzeichnet durch den vorrangigen Gebrauch des Gottesnamens Jhwh (Aussprache nach neuzeitlicher, jedoch nicht eindeutiger, Rekonstruktion »Jahwe«), und der etwas jüngere »Elohist«, der überwiegend die Gottesbezeichnung »Elohim« verwendet, dann das Deuteronomium bzw. dessen älteste Schicht als selbständige Quelle, und schließlich die »Priesterschrift«, die vor allem, wenn auch nicht ausschließlich, kultgesetzliche Texte enthält. Danach lautete die weithin akzeptierte Reihenfolge der »Quellen-Hypothese« oder »Urkunden-Hypothese« (*documentary hypothesis*): J (Jahwist), E (Elohist), D (Deuteronomium), P (Priesterschrift). Für die ersten drei Quellen wird eine Entstehungszeit vor dem Babylonischen Exil, d.h. vor 597, angenommen, während die Priesterschrift in die Zeit des Exils (bis 538) oder später datiert wird.

Diese Konzeption war so gut wie allgemein anerkannt. Das schloss jedoch nicht aus, dass ständig an ihr gearbeitet wurde. Die Frage der Abgrenzung zwischen den einzelnen Quellen oder Redaktoren wurde von jedem Alttestamentler erneut überprüft, wobei die Abgrenzung oft nicht nur einzelne Verse, sondern auch Halbverse und noch kleinere Versteile betraf.

Ein Beispiel, das auch der Leser einer deutschen Bibelübersetzung leicht nachvollziehen kann:

Am Anfang des Buches Genesis stehen zwei Schöpfungsberichte, der erste über die Erschaffung der Welt in sieben Tagen, der zweite über die Erschaffung der ersten Menschen; den Übergang bildet der Vers Genesis 2,4. In den meisten Bibelübersetzungen ist dieser Vers in ganz ungewöhnlicher Weise halbiert, indem nach der ersten Hälfte ein neuer Absatz beginnt. Dadurch wird die erste Hälfte des Verses zur Unterschrift unter Kap. 1,1–2,3 (in der geläufigen modernisierten Fassung der Lutherbibel: »So sind Himmel und Erde geworden, als sie geschaffen wurden«), während die andere Hälfte die folgende Erzählung einleitet (»Es war zu der Zeit, da Gott der HERR Erde und Himmel machte«). Mit dieser Einteilung folgen die Bibelübersetzungen der herrschenden »Urkunden-Hypothese«, denn die erste Vershälfte spricht die Sprache von »P«, zu der auch das Kapitel 1 gehört, während die folgenden Kapitel »J« zugeschrieben werden. Den meisten Auslegern ist aber nicht ganz wohl bei dieser Zuweisung der beiden Vershälften, denn der formelhafte Text von V.4a stellt keineswegs eine Unterschrift dar, sondern erscheint im Buch Genesis in der gleichen Formulierung häufig als Überschrift über einen neu beginnenden Abschnitt (5,1; 6,9; 10,1; 11,10.27 u.ö.). So sind die Ausführungen der Kommentatoren zu dieser Frage oft unsicher und gewunden; aber bis heute wagen es nur wenige, sich aus den Fesseln der strengen Urkunden-Hypothese zu befreien und den »priesterschriftlichen« Satz in 2,4a als Einleitung zu dem mit 2,4b beginnenden »jahwistischen« Textstück zu lesen. Denn das würde den Schritt in ein anderes Verständnis größerer Textzusammenhänge bedeuten, der mit dem Denken in »Quellen« nicht vereinbar wäre.

Es gab jedoch immer wieder Versuche, den Pentateuch (oder Hexateuch) von anderen Ansätzen her zu lesen. Ohne hier ins Detail zu gehen, nenne ich aus dem Anfang des 20. Jahrhunderts die Namen Hermann Gunkel[52] und Hugo Greßmann;[53] in ihrer Nachfolge verstanden sich dann mein Lehrer Gerhard von Rad[54] und sein Kollege Martin Noth.[55] Bei ihnen allen blieb jedoch das grundlegende Konzept der Quellenscheidung unangetastet, und sie versuchten, ihre neuen Fragestellungen innerhalb dieses Systems zu beantworten. Nachdem ich mich jahrzehntelang ebenso im Rahmen dieser Quellen-Theorie bewegt hatte, waren mir seit Ende der sechziger Jahre Zweifel an der Tragfähigkeit des herrschenden Modells und seiner exegetischen Handhabung gekommen.[56] Die Zweifel verstärkten sich im Rahmen eines der Oberseminare, die ich jeweils als einzige Lehrveranstaltungen während

---

52 Hermann Gunkel, Genesis, Göttinger Handkommentar zum Alten Testament I,1, 1901, ³1910.
53 Hugo Greßmann, Mose und seine Zeit. Ein Kommentar zu den Mose-Sagen. Forschungen zur Religion und Literatur des Alten und Neuen Testaments, NF 1, 1913.
54 Gerhard von Rad, Das formgeschichtliche Problem des Hexateuch. Beiträge zur Wissenschaft vom Alten und Neuen Testament 4,26, 1938.
55 Martin Noth, Überlieferungsgeschichte des Pentateuch, Stuttgart 1948.
56 S.o. S. 83 mit Anm. 21.

meines Rektorats abhalten konnte.[57] In diesen Seminaren brachte es die sehr intensive Beschäftigung mit einem bestimmten Thema mit sich, dass ich mich jeweils tiefer auf ein Problem einlassen konnte, zumal in intensiveren Diskussionen mit fortgeschrittenen Studenten, als es im normalen Semesterbetrieb möglich gewesen wäre. So war es ein Seminar zum Pentateuch, in dem sich die Zweifel verdichteten.

Gerhard von Rad hatte schon in seinem 1938 erschienenen Buch »Das formgeschichtliche Problem des Hexateuch« eine neue Fragestellung entwickelt, indem er nach größeren thematischen Zusammenhängen im Pentateuch bzw. Hexateuch fragte. Im Grunde hatte er damit den Bereich dessen verlassen, was mit der Quellen-Theorie beantwortbar sein könnte. Aber dann benannte er, fast wie selbstverständlich, den großen Theologen, dem nach seiner Sicht die jetzt vorliegende Gesamtkonzeption zu verdanken ist, »Jahwist«. Allerdings brachte er selbst zum Ausdruck, dass sein Konzept mit der Quellen-Theorie eigentlich unvereinbar war, indem er am Anfang der »Schlussbemerkungen« schrieb: »Nicht, daß das Dazukommen von E und P zu J ein für uns durchsichtiger, ja überhaupt befriedigend erklärbarer Vorgang wäre!«[58] Sein »Jahwist« war also nicht eine unter mehreren »Quellen«, sondern ein theologischer Autor ganz anderer Art, zu dem weitere Texte »dazugekommen« waren. Dieses Dilemma schob von Rad aber sofort zur Seite, indem er hinzufügte: »Aber diese Probleme sind anderer Art als das von uns hier Behandelte.« Die darin liegende Widersprüchlichkeit kann wohl nur so erklärt werden, dass im damaligen wissenschaftlichen Kontext die Urkunden-Hypothese eine so selbstverständliche Voraussetzung war, dass neue Einsichten und neue Zugänge zu den Texten überhaupt nur innerhalb des dadurch gegebenen Rahmens denkbar erschienen.

Hier lag für mich der Ansatz, zu versuchen, aus diesem methodischen Zwang auszubrechen. Anlass dazu bot ein internationaler Alttestamentlerkongress in Edinburgh im Jahr 1974. Dort hielt ich einen Vortrag mit dem Titel »Der ›Jahwist‹ als Theologe? Zum Dilemma der Pentateuchkritik«,[59] in dem ich die eben dargestellten Probleme beschrieb. Ich habe das Ganze dann noch ein Stück weitergeführt in ei-

---

57 S.o. S. 123.
58 Bedauerlicherweise ist in der Veröffentlichung meines Referats von Edinburgh (s.o. Anm. 50) dieser Satz in verstümmelter und dadurch sinnwidriger Weise zitiert worden.
59 Supplements to Vetus Testamentum 28, 1975, 158–166.

nem 1977 erschienenen Buch mit dem Titel »Das überlieferungsgeschichtliche Problem des Pentateuch«. Offenbar war die Zeit reif für eine solche Diskussion, denn in den Jahren 1975 und 1976 erschienen auch andere Bücher zu diesem Problemkomplex,[60] in denen vor allem das hohe Alter des »Jahwisten« bestritten wurde, wodurch eine »Säule« der herrschenden Pentateuchtradition ins Wanken geriet. Die Diskussion ist seither vielfältig weitergeführt worden, wobei sich (in einer in meinen Augen geradezu kuriosen Weise) wiederholt, was wir im Ansatz schon bei von Rad beobachtet haben: Der »Jahwist« ist fast völlig verschwunden, aber man hat sich methodisch nicht von den Fragestellungen der »Urkunden-Hypothese« gelöst und vor allem kein alternatives Gesamtkonzept entwickelt. So trägt eine im Jahr 2002 erschienene Aufsatzsammlung, die aus einer wissenschaftlichen Tagung hervorgegangen ist, den Titel »Abschied vom Jahwisten«[61]. Aber wohin der Weg nach diesem Abschied führen könnte, bleibt ausdrücklich offen. »Gemeinsam ist ihnen (d.h. den Autoren), dass sie der Teilthese eines Jahwisten den Abschied geben.« Sonst nichts. Ich habe das Thema noch einmal aufgegriffen, erneut in Edinburgh, im Juli 2006 in einem öffentlichen Vortrag unter dem Titel »What happened to the ›Yahwist‹? Reflections after thirty years«. Der Schlusssatz lautete: »He faded away, and he took with him the building he had lived in, because there are no inhabitants any longer.«[62]

Übrigens beginnt das Vorwort zu dem genannten Buch mit dem Satz: »In der alttestamentlichen Wissenschaft scheint sich für übergreifende Pentateuchtheorien eine Lebensdauer von ungefähr einem Jahrhundert eingespielt zu haben.« Dann werden genannt: 1783 Johann Gottfried Eichhorn,[63] 1876/77 bzw. 1883 Julius Wellhausen[64] und schließlich die schon erwähnten Bücher der Jahre 1975 bis 1977 von John Van Seters, Hans Heinrich Schmid und mein eigenes.[65] Allerdings

---

60 John Van Seters, Abraham in History and Tradition, New Haven 1975; Hans Heinrich Schmid, Der sogenannte Jahwist, Zürich 1976.
61 J.C. Gertz/K. Schmid/M. Witte (Hg.), Abschied vom Jahwisten. Die Komposition des Pentateuch in der jüngsten Diskussion. Beihefte zur Zeitschrift für die alttestamentliche Wissenschaft 315, 2002. Zitat S.VI.
62 Der Text ist jetzt online verfügbar im »Forum« der Society of Biblical Literature unter www.sbl-site.org.
63 Einleitung in das Alte Testament, Leipzig 1738.
64 Die Composition des Hexateuchs und der historischen Bücher des Alten Testaments, Berlin ³1899; Prolegomena zur Geschichte Israels, Berlin/Leipzig ⁶1905.
65 Das überlieferungsgeschichtliche Problem des Pentateuch, Berlin/New York 1977.

ist der Unterschied offenkundig: 1783 und 1876ff wurde jeweils eine neue Theorie aufgestellt, die dann ca. hundert Jahre lang in Geltung blieb. 1975ff wurde aber nur die bisher geltende, hundert Jahre alte Theorie verabschiedet, ohne dass die Scheidenden wussten, wohin sie jetzt gehen sollten.

Inzwischen entstand eine neue Fragestellung, die aus diesem Dilemma herausführte. Es war vor allem der US-amerikanische Alttestamentler Brevard Childs, der in den siebziger Jahren die Forderung erhob, die biblischen Texte in ihrer gegebenen Endgestalt zu betrachten; denn in dieser »kanonischen« Gestalt bildeten sie die Grundlage des Glaubens und Lebens der jüdischen und später auch der christlichen Gemeinschaft. Dem liegt die Auffassung zugrunde, dass diese Endgestalt nicht das Werk von »Redaktoren« ist, welche die verschiedenen »Quellen« und weiteren Bruchstücke zu einem eher zufälligen Endstadium zusammengefügt haben, sondern dass die Endgestalt selbst das Ergebnis bewusster theologischer Reflexion ist. Deshalb erschließt sich der theologische Gesamtsinn eines biblischen Textes gerade aus seiner Endgestalt und nicht aus einzelnen, isoliert betrachteten Elementen.[66]

> Zur Terminologie ist zu sagen, dass der Begriff »kanonisch« in seinem Gebrauch sehr vielfältig ist und dabei u.a. auch die Bedeutung von »normativ« haben kann. Das ist hier aber nicht gemeint. Man hat deshalb vorgeschlagen, stattdessen den Begriff »holistisch« zu verwenden. In formaler Hinsicht ist das durchaus plausibel, und der Begriff »holistisch« wird auch von theologisch arbeitenden Exegeten verwendet. Aber der Begriff bleibt m.E. zu sehr im Formalen.

Ich habe den Begriff »kanonisch« in den folgenden Jahren aufgegriffen, insbesondere für zwei Bücher, die mich über viele Jahre hin beschäftigt haben. Am Anfang steht eine Absage: Ein größerer Verlag hatte mich vor Jahren gebeten, eine »Einleitung in das Alte Testament« zu verfassen. (Die »Einleitung« hat es im wesentlichen mit den formalen und historischen Fragen der biblischen Bücher zu tun, während die »Theologie des AT« deren theologische Aussagen und die größeren Zusammenhänge zu behandeln hat.) Meine vielerlei anderen Beschäftigungen

---

[66] Brevard S. Childs, Introduction to the Old Testament As Scripture, London 1979; Biblical Theology of the Old and New Testaments. Theological Reflection on the Christian Bible, London 1992; Vgl. auch James A. Sanders, Torah and Canon, Philadelphia 1972; Canon and Community, Philadelphia 1984; From Sacred Story to Sacred Text, Philadelphia 1987.

hatten mich dazu nicht kommen lassen. Als mein Rektorat beendet war, erschien der zuständige Lektor des Verlages bei mir, und erklärte mir, dass man nun binnen eines Jahres das Manuskript erwarte, andernfalls man einen anderen Autor damit beauftragen werde. Da ich aber noch keine klaren Vorstellungen davon hatte, wie die nächsten Jahre für mich aussehen könnten, und da ich nicht ein schnell hingeschriebenes Buch fabrizieren, sondern mich in die Sache vertiefen wollte, musste ich ihm eine Absage erteilen. Einer meiner Schüler hat dann das Manuskript wie gewünscht geliefert. (Er hat damit inzwischen die fünfte Auflage erreicht.[67])

Aber der Plan, eine »Einleitung« oder »Einführung« in das Alte Testament zu schreiben, bestand bei mir weiter. Im Neukirchener Verlag, mit dem ich nun schon seit Jahrzehnten verbunden war, konnte ich ohne Termindruck an diese Aufgabe herangehen. Ich habe dabei versucht, die inzwischen weiter vorangeschrittenen Überlegungen über einen wissenschaftlichen, und d.h. durchaus auch kritischen Umgang mit dem biblischen Text in der Form einer »Einführung« niederzulegen, die dann schließlich 1983 erschien.[68] Bei der Festlegung des Titels gab es ein interessantes Problem: Ich hatte eigentlich gedacht, das Buch sozusagen routinemäßig »Einführung in das Alte Testament« zu nennen. Auf der Vorderseite des Umschlags hatte ich mir ein alttestamentliches Motiv vorgestellt, möglichst mit hebräischen Buchstaben. (Dabei schwebten mir Chagalls Glasfenster in der Synagoge des Hadassah-Hospitals in Jerusalem vor; es war jedoch nicht möglich, eine Genehmigung für die Verwendung von Elementen dieser Fenster zu bekommen.) Der regelmäßig mit dem Neukirchener Verlag zusammenarbeitende Grafiker Kurt Wolff (Bruder des Heidelberger Alttestamentlers Hans Walter Wolff) konnte sich jedoch nicht mit dem Gedanken anfreunden, diesen profanen Titel mit einer entsprechenden Grafik zu versehen. Der Verlag schlug deshalb eine Umstellung vor: »Das Alte Testament. Eine Einführung.« Dazu lieferte Kurt Wolff eine eindrucksvolle Grafik: Die drei kunstvoll gestalteten hebräischen Buchstaben Taw, Nun und Kaf, welche die Anfangsbuchstaben der drei Teile der hebräischen Bibel bezeichnen: *Torah* (Pentateuch), *N^ebi'im* (Propheten), *K^etubim* (Schriften), woraus die Gesamtbezeichnung der Hebräischen Bibel als *Tanakh* (mit spirantisch gesprochenem K am

---

67 Werner H. Schmidt, Einführung in das Alte Testament, Berlin ⁵1995.
68 Das Alte Testament. Eine Einführung, Neukirchen-Vluyn,1983, ⁶2001.

Schluss) entstanden ist; über jedem der drei Buchstaben dann in kleinerer Schrift die hebräischen Bezeichnungen der drei Bibelteile. (Leider ist diese Grafik bei der Neugestaltung des Umschlags in späteren Auflagen nicht übernommen worden.)

Das Echo auf dieses Buch war höchst unterschiedlich. Auf der einen Seite gab und gibt es unter den deutschen Fachkollegen nicht wenige, die mich als Außenseiter betrachten, der aus dem allgemein anerkannten wissenschaftlichen Konsens ausgebrochen ist. Irgendwo fand ich den Satz: »Kein erstzunehmender Alttestamentler steht zur radikalen These Rolf Rendtorffs.« Ich habe dieses Problem oben an Hand der Frage des »Jahwisten« kurz skizziert. Insofern wundert mich dieses Verhalten nicht, wenn es mir auch schwer fällt, zu verstehen, dass sich so viele meiner Kollegen nun schon seit so vielen Jahren mit diesem Zwischenzustand eines »Abschieds« abfinden, ohne eine Perspektive über das »Wohin« gefunden – oder auch nur ernsthaft gesucht – zu haben. Dies ist im übrigen ein überwiegend deutsches Problem, da in den meisten anderen Ländern keine solche Fixierung auf die mit Wellhausen beginnenden methodischen Spielregeln besteht.

Auf der anderen Seite stehen ganz andere Reaktionen. So hörte ich von mehreren Universitäten, dass Theologiestudenten mein Buch gekauft haben und damit arbeiten, obwohl die Professoren es nicht empfohlen oder gar auf den Index gesetzt hatten. Besonders gefreut hat mich der Bericht eines mir bekannten jüdischen Juristen, der das Buch gekauft hatte, um es mit in den Urlaub zu nehmen. Da es zufällig im Urlaubsgepäck obenauf lag, hat er es als erstes in die Hand genommen und dann in einem Zuge von Anfang bis Ende gelesen. Gerade diese kleine Geschichte zeigt sehr deutlich, dass meine »Einführung« einerseits den Rahmen des etablierten wissenschaftlichen Konsenses verlässt, andererseits aber durch die Art des Zugangs zu den Texten und der Darstellung der Zusammenhänge neue Verstehensmöglichkeiten für Leser eröffnet, die nicht zur Zunft der akademischen Alttestamentler gehören. Diese Erfahrung habe ich in den folgenden Jahren oft gemacht, auch vielfach bei Vorträgen, z.B. bei den Evangelischen Kirchentagen, und dann mit meiner »Theologie des AT«.[69]

---

[69] Theologie des Alten Testaments. Ein kanonischer Entwurf, Bd. 1: Kanonische Grundlegung, Neukirchen-Vluyn 1999; Bd. 2: Thematische Entfaltung, 2001.

Blicke über die Grenze

Im internationalen Feld der alttestamentlichen Wissenschaft, wie auch in anderen Bereichen der Theologie, haben sich tief greifende Wandlungen vollzogen. Bis in die Mitte des zwanzigsten Jahrhunderts war Deutschland das Land, in dem die entscheidenden Dinge geschahen. Vor allem aus Nordamerika kamen viele angehende Wissenschaftler nach Deutschland (und in die Schweiz zu Karl Barth), um ihrer Ausbildung den letzten Schliff zu geben. So schreibt z.B. Brevard Childs in der Einleitung seiner »Introduction to the Old Testament as Scripture«, dass er vier Jahre zu »graduate study« in Europa gewesen sei. Es gab wenig relevante Literatur von jenseits des Atlantik, und alle wichtigeren deutschen Bücher wurden bald ins Englische übersetzt. Inzwischen war es aber ganz anders geworden. Es hatte sich in unserem Gebiet eine eigenständige amerikanische Literatur entwickelt, nicht zuletzt auch zahlreiche Fachzeitschriften, und die deutsche Literatur fand längst nicht mehr die Aufmerksamkeit wie in den früheren Jahren.

Das war für mich der Anlass, einmal selbst diese Entwicklung an Ort und Stelle näher kennen zu lernen. So benutzte ich ein Forschungssemester im Wintersemester 1984/85 zu einer Reise in die USA. Ausgangspunkt musste (natürlich) Harvard sein, und ein dortiger Kollege, Paul Hanson, besorgte mir eine Unterkunft in der Nähe der Divinity School. Dort verbrachte ich viel Zeit in der Bibliothek, um vor allem Dinge kennen zu lernen, die uns in Europa noch nicht erreicht hatten. Ich wurde auch als informeller Gast ein wenig in die Fakultät mit einbezogen, wobei mir der persönliche Kontakt mit Krister Stendahl besonders wichtig war. Ich konnte auch eine öffentliche Gastvorlesung halten. Und dann hatte ich meine entscheidende Begegnung mit Elie Wiesel. Ich suchte ihn in Boston an der Universität auf, an der er lehrt, und er lud mich spontan ein, ihn in seiner Wohnung in New York zu besuchen. Dort nahm er sich Zeit für ein längeres Gespräch, aus dem sich dann ein (knapper) Briefwechsel und mehrere Begegnungen bei Wiesels Besuchen in Deutschland ergaben.[70]

Ich benutzte Harvard auch als Sprungbrett in andere Bereiche der USA, vor allem natürlich die Universitäten. Verschiedene Kollegen luden mich ein zu Besuchen und in der Regel auch zu Gastvorlesungen

---

70 Vgl. die Aufsätze Nr. 4, 5 und 6 in meinem Buch Christen und Juden heute. Neue Einsichten und neue Aufgaben, 1998.

an ihren Institutionen. So kam ich an die Ivy League-Universitäten Princeton und Yale und dann über Pittsburgh, Cincinnati, Notre Dame, Andrews schließlich auch in den Westen nach Claremont und Berkeley, letztere natürlich unter Einbeziehung von Los Angeles und San Francisco. Leider habe ich es bis heute nicht geschafft, nach Stanford zu kommen, von dem ja viele meinen, es sei die bedeutendste Universität der USA.

Auch in anderen Richtungen gab es Blicke über die Grenzen, zunächst weit in den Süden, nach Südafrika. 1988 erhielt ich eine Einladung zu einer Gastprofessur in Pretoria. Dies Einladung war nicht unproblematisch; denn damals herrschte in Südafrika noch die Apartheid, weshalb einige aktive Gruppen in Deutschland jede Reise dorthin beanstandeten, abgesehen vom aktiven Besuch von Widerstandsgruppen. Auch in meinem näheren Umfeld gab es Mitglieder solcher Gruppen. Es gab aber auch andere Stimmen, darunter vor allem einige südafrikanische Studenten, die als Doktoranden an der Heidelberger Theologischen Fakultät arbeiteten. Sie rieten mir, die Einladung anzunehmen, damit ich mir ein eigenes Bild von der Situation machen könnte. Und sie organisierten für mich ein zusätzliches Alternativprogramm, so dass ich führende Persönlichkeiten der Anti-Apartheid-Bewegung und wichtige Orte wie z.B. Soweto, kennen lernen konnte. Also fuhr ich hin.

Es wurde eine sehr interessante Zeit. Meine Gastgeber, vor allem der (inzwischen verstorbene) Kollege Prinsloo, der mich eingeladen hatte, bemühten sich sehr, mir viel von ihrem Land zu zeigen. Das geschah durchaus auch in ihrem eigenen Interesse, denn ich hielt Gastvorlesungen an einer Reihe anderer Theologischer Fakultäten, aber auch an Theologischen Seminaren, deren Hörerschaft aus Schwarzen bestand. So lernte ich größere Teile des Landes kennen und bekam einen, wenn auch nur flüchtigen Einblick in die ganz unterschiedlichen Lebensverhältnisse. Es gab auch viele Gespräche über die Situation im Blick auf die Apartheid. Dabei ergab sich für mich der deutliche Eindruck, dass die Kollegen wussten, dass die Zeit der Apartheid zu Ende ging. Was mich aber überraschte, war die Tatsache, dass keiner meiner Gesprächspartner eine Antwort hatte auf die Frage, was er selbst und andere aus dieser Bevölkerungsschicht tun könnten, um diesen Prozess in dem einen oder anderen Sinne zu beeinflussen. Sie ließen alles auf sich zukommen und hofften, dass es nicht ganz so schlimm kommen würde, wie manche befürchteten. Das zeigte mir, dass es unter ihnen eigentlich kein demokratisches Bewusstsein gab im Sinne einer Mitverantwortung des Einzelnen. Es hat sich dann ja gezeigt, dass es im Grunde die Initiative eines Einzelnen war, Frederik Willem de Klerk, die 1990 der Apartheid ein Ende bereitete und den Weg für den Neuanfang unter Nelson Mandela frei machte.

Aber davon war man damals noch weit entfernt. Wir lebten ganz in der Welt der »Weißen«, die mit unsichtbaren, aber sehr spürbaren Barrieren gegen die Welt der übrigen Gruppen abgegrenzt war, der »Schwarzen«, der gemischtfarbigen »Coloureds« und der »Asiaten«, vornehmlich Inder. Marieluise, die im zweiten Teil meines Aufenthalts in Südafrika dazugekommen war, machte auf eigene Faust Unternehmungen in »schwarze« Gebiete, wobei sie dann z.B. als einzige »Weiße« in einem Bus mit lauter »schwarzen« Insassen fuhr usw. Das war also durchaus möglich. Es gab auch eine Reihe von »weißen« Pastoren, die in »schwarzen« *Townships* amtierten. Man konnte also deutlich sehen, dass die Barrieren löcherig waren. An einigen Fakultäten, die ich besuchte, dominierten unter den Lehrenden sogar die Apartheid-Gegner.

Ein Erlebnis besonderer Art war ein mehrtägiger Aufenthalt in Namibia. Ich hatte dort in einem kleinen theologischen Seminar in Otjimbingwe einen Vortrag zu halten. Dieses Seminar, dessen Leiter in den sechziger Jahren mein Kollege Sundermeier war, galt damals als einer der ersten »apartheidfreien« Räume , in denen schwarze und weiße Theologen gemeinsam studieren und arbeiten konnten (wie es in einer Laudatio zu Sundermeiers 65. Geburtstag heißt). Die Diskussion mit den Studenten war lebhaft und anregend, aber insgesamt war unser Aufenthalt dort nur kurz, weil wir in Windhoek im Hotel untergebracht waren.

Dort hat mich vor allem die Existenz dieser deutschsprachigen »Insel« mitten in Afrika fasziniert. Nicht nur die deutschen Straßenschilder – »Kaiserstraße«, »Bahnhofstraße« usw. – zwischen denen sich die Herero-Frauen in ihren farbenprächtigen Gewändern bewegten, sondern vor allem der ganz selbstverständliche Gebrauch der deutschen Sprache in einer sehr differenzierten, im besten Sinne »hochdeutschen« Weise. Unser Aufenthalt fiel in die Zeit kurz vor dem Erreichen der angestrebten Unabhängigkeit Namibias (1990), und diese Frage beherrschte die öffentliche Diskussion. Wir konnten an verschiedenen Diskussionsveranstaltungen teilnehmen, von denen vor allem eine in Windhoek selbst vollständig in deutscher Sprache geführt wurde. Auf Nachfrage erfuhren wir, dass viele der Teilnehmer gar nicht oder höchstens zu kurzen Aufenthalten in Deutschland gewesen waren. Die deutsche Sprache ist dort also in der entsprechenden Bevölkerungsschicht fest verankert.[71]

Noch offensichtlicher ist die Vorherrschaft der deutschen Sprache in der Küstenstadt Swakopmund, die als »die deutscheste Stadt Namibias« gilt. Dieser Eindruck wird schon durch das Dominieren von Bauwerken aus der Kolonialzeit bestimmt, nicht zuletzt auch durch den typisch deutschen Leuchtturm und entsprechende Kriegerdenkmale, und er wird dadurch verstärkt, dass in den Schaufenstern der Geschäfte die Beschriftungen so gut wie ausschließlich deutsch sind. In den Hotels ist Deutsch die selbstverständliche Umgangssprache. (Dies habe ich geschrieben auf Grund der Eindrücke von 1988. Inzwischen gilt Swakopmund als »attraktives Seebad«.)

Übrigens riefen die namibischen Ortsnamen Kindheits- und Jugenderinnerungen in mir wach. In dem Straßenbezirk im Stettiner Stadtteil Braunsfelde, in dem wir wohnten, trug eine Reihe von Straßen Namen aus »Deutsch-Südwest«, wie Namibia damals genannt wurde. Die nächste Querstraße von unserem Haus war die Windhuk-Straße, die dann die Waterberg-Straße (nach der entscheidenden Schlacht gegen die Hereros 1904) kreuzte. (Die Diskussion über diese Phase der deutschen Geschichte, die vor einigen Jahren neu entbrannt ist, lag damals noch in weiter Ferne.)

Zum Abschluss unseres Aufenthalts in Südafrika fuhren wir noch für ein paar Tage ganz »privat« nach Kapstadt. Ich will hier nicht versuchen, die eindrucksvolle Schönheit dieser Stadt zu beschreiben. Aber jedenfalls können wir jetzt aus eigener Anschauung mitreden bei der Diskussion, ob Kapstadt oder San Francisco die schönste Stadt der Welt sei. (Man muss die Frage ja nicht entscheiden!)

Ich erwähne hier kurz – im zeitlichen Vorgriff – zwei weitere Gastprofessuren. Als ich mich gerade entschlossen hatte, meine aktive Tätigkeit in der Universität mit der Vollendung des 65. Lebensjahres im Sommersemester 1990 zu beenden (als »Ordinarius alter Art« hätte ich bis 68 weitermachen können), erreichte mich ein Anruf von der Divinity School der Universität Chicago mit der Anfrage, ob ich bereit sei, für zwei *quarter* als Gastprofessor nach Chicago zu kommen. (Das Studienjahr ist dort statt in Semester in vierteljährige *quarter* eingeteilt.)

---

71 Nach Wikipedia (»Deutsche in Namibia«) gaben 1989 12.827 Namibier Hochdeutsch als Muttersprache an.

Das Alte Testament war dort z.Zt. »verwaist«, und der Gedanke leuchtete mir ein, als Übergang zum »Ruhestand« dort einzuspringen. So ging ich für die beiden ersten *quarter* des Jahres 1991 nach Chicago. Abgesehen von den reizvollen Besonderheiten der Stadt mit ihren Bauten und ihrer Lage am *Lake Michigan* bedeutete diese Zeit für mich eine Erweiterung und Vertiefung meiner Beziehungen zur nordamerikanischen alttestamentlichen Wissenschaft, über die später noch zu reden sein wird.

Kaum zurückgekehrt aus Chicago erreichte mich die Einladung zu einer Gastprofessur am Päpstlichen Bibelinstitut in Rom für das Frühjahr 1992. Hier war für mich – abgesehen von einem etwas ausführlicheren Aufenthalt in Rom, das ich bisher nur von kürzeren Besuchen kannte – die nähere Bekanntschaft mit der jesuitisch geprägten katholischen Theologie in ihren weltweiten Bezügen von besonderem Interesse. Die Hörer meiner Vorlesungen kamen aus den verschiedensten Gegenden der Welt, darunter auch viele Nonnen und Ordensbrüder. Mit ihnen und mit den Fachkollegen unter den Professoren hatte ich lebhafte und anregende Kontakte; die letzteren haben sich bis heute im internationalen Kontext fortgesetzt. Dazu kam für mich eine erste Begegnung mit den Waldensern, die in Rom eine eigene Theologische Fakultät haben. Daraus haben sich mancherlei weitere Beziehungen ergeben, einerseits in der Form von Tagungen in Rom und auch im Zentrum der Waldenser Täler in Torre Pellice, andererseits in Zusammenarbeit mit dem Verlag Claudiana, der später als erster meine »Theologie des Alten Testaments« übersetzt hat.

Theologie des Alten Testaments

Die Beziehungen zur amerikanischen Forschung verstärkten sich grundlegend durch meine aktive Teilnahme an der Arbeit der »Society of Biblical Literature«. Der Kontakt zu dieser Organisation entstand fast zufällig und sozusagen am Rande. 1986 fand in Jerusalem eine Tagung der International Organization for the Study of the Old Testament (IOSOT) statt, mit der ich seit der Tagung in Edinburgh 1974 und durch Teilnahme an mehreren nachfolgenden Tagungen in Verbindung stand.[72] Weil die Tagung diesmal in Jerusalem stattfand, lag

---

72 S.o. S. 136.

die Organisation und Leitung in den Händen der dortigen Fachkollegen. Dadurch ergab es sich fast von selbst, dass Benjamin Mazar, der nicht nur eine der Schlüsselgestalten des World Congress of Jewish Studies, sondern auch ehemaliger Rektor und Präsident der Hebräischen Universität Jerusalem war, Präsident des Kongresses wurde. So berührten sich hier zwei Kongresse mit verwandter Thematik und zahlreichen gemeinsamen Mitgliedern. Dieser Konstellation war es denn auch zu verdanken, dass ich bei der öffentlichen Abschlussveranstaltung als einer von drei Rednern – einem jüdischen, einem katholischen und mir selbst als protestantischem – einen Vortrag zu halten hatte. Ich tat dies unter dem Titel »Between Historical Criticism and Holistic Interpretation: New Trends in Old Testament Exegesis«. Dem auf Englisch gehaltenen Vortrag schickte ich eine kurze Einleitung in Hebräisch voran, in der ich meinen Weg nach Jerusalem skizzierte und dabei besonders die Bedeutung hervorhob, die Isac Seeligmann für diesen Weg gehabt hat.[73] Nach dem Vortrag hat mich Benjamin Mazar spontan vor der ganzen Versammlung umarmt, eine Geste, die ich nicht vergessen werde.

Neben diesen beiden Organisationen hielt etwas am Rande noch eine dritte, thematisch verwandte Organisation eine Tagung in Jerusalem ab: die Society of Biblical Literature (SBL). Diese US-amerikanische Organisation veranstaltet neben ihrer großen Jahrestagung an wechselnden Orten in den USA eine jährliche internationale Tagung, meistens in Europa, aber auch in anderen Kontinenten, so jetzt in Jerusalem. Ich benutzte die Gelegenheit, um auch diese Organisation kennen zu lernen. Dabei erfuhr ich, dass die nächste internationale Tagung in Heidelberg stattfinden sollte. Der Executive Secretary Kent Richards bat mich, ihm bei der Vorbereitung behilflich zu sein – und damit war eine neue Verbindung geknüpft. In den folgenden zwei Jahrzehnten habe ich dann mit großer Regelmäßigkeit am jährlichen Annual Meeting in den USA und häufig auch am jährlichen International Meeting teilgenommen, u.a. in Budapest, Leuven, Wien, Rom und Münster. Übrigens waren bei den Annual Meetings in den USA oft nur wenige deutsche Kollegen unter den Teilnehmern. So wurde von unserer Seite wenig dazu getan, die beschriebene Veränderung des akademischen Gefälles auszugleichen. Erst in jüngster Zeit scheint sich in dieser Hinsicht einiges zu verbessern.

---

73 S.o. S. 78.

Die Arbeit der SBL ist durch eine große thematische Vielfalt gekennzeichnet, worin sich die Breite und Differenziertheit der gegenwärtigen alttestamentlichen (und entsprechend auch der neutestamentlichen) Forschung widerspiegelt. Die Arbeit in den Meetings, vor allem in den großen jährlichen Tagungen, vollzieht sich in thematisch abgegrenzten »Units«, in denen von entsprechend interessierten Wissenschaftlern jeweils an bestimmten, deutlich umrissenen Fragen gearbeitet wird. Diese thematisch gegliederte Vielfalt gab mir die Möglichkeit, meine Bemühungen um eine »holistische« Lektüre des AT im Laufe der Jahre für verschiedene Teilbereiche in den entsprechenden Arbeitsgruppen zur Diskussion zu stellen. Zunächst war es der Pentateuch, der ja schon in sich selbst ganz unterschiedliche Fragestellungen nötig macht.[74] Dann habe ich mich für einige Zeit verstärkt der Frage nach dem inneren Zusammenhang des Buches Jesaja zugewandt. Dieses größte der Prophetenbücher enthält offensichtlich Texte aus ganz verschiedenen Etappen der Geschichte Israels und wird von der Mehrzahl der Exegeten als eine (mehr oder weniger zufällige) Zusammenfügung von drei ursprünglich selbständigen Sammlungen prophetischer Worte betrachtet, die man als (Proto-)Jesaja (Kap. 1–39), Deuterojesaja (Kap. 40–55) und Tritojesaja (Kap. 56–66) bezeichnet. Aber das Buch ist nur in seiner jetzigen Gesamtgestalt überliefert, so dass von einem »holistischen« Ansatz her die Frage unabweisbar ist, was diese Einheit zusammenhält. Dabei geht es zunächst darum, die Frage sinnvoll zu stellen und Ansätze zu ihrer Beantwortung zu erarbeiten, woran in dieser Gruppe intensiv gearbeitet wurde.

Nach einigen Jahren habe ich mich einer verwandten, aber doch anders gelagerten Frage zugewandt: der Einheit des Zwölfprophetenbuches. Die zwölf »Kleinen Propheten« sind in der hebräischen wie in der griechischen Textüberlieferung stets als Einheit behandelt worden; in der griechischen Tradition erscheint dafür der Ausdruck »Dodekapropheton«. Die einzelnen Bücher sind aber deutlich abgegrenzt und mit Namen versehen. Die Frage der Einheit ist hier vor allem eine Frage der Komposition und übergreifender thematischer Akzente.

Schließlich habe ich meine Fragestellung dann auch auf das Buch der Psalmen ausgedehnt. Hier liegen die Dinge zunächst ähnlich wie beim Zwölfprophetenbuch: Die 150 (nach der griechischen Überlieferung 151) Psalmen werden als *ein* Buch behandelt, das nach dem grie-

---

74 S.o. S. 136ff.

chischen Wort *psalterion* allgemein als »Psalter« bezeichnet wird. Dabei sind aber die einzelnen Psalmen deutlich als jeweils selbständige Dichtungen erkennbar, in vielen Fällen durch Überschriften gekennzeichnet und zudem durch zusammenfassende Unterschriften in fünf Sammlungen gegliedert. Dabei sind, deutlicher noch als beim Zwölfprophetenbuch, Querverbindungen zwischen den einzelnen Psalmen und Psalmgruppen erkennbar, was vor allem in der neueren Forschung stärker herausgearbeitet worden ist. Hier hat sich meine Mitarbeit in die entsprechende Arbeitsgruppe eingefügt.

Die Arbeit in diesen Gremien war für mich durchweg auf das Ziel einer »Theologie des AT« ausgerichtet, die ich nach den hier erarbeiteten methodischen Grundsätzen anlegen wollte. Das Konzept war dabei ein doppeltes: Zum einen wollte ich die Bücher des AT jeweils als Ganzes in ihrer »kanonischen« Endgestalt vor Augen stellen, zum andern wollte ich auf dieser Basis die im AT zur Sprache kommenden Themen in ihrer Vielfalt und zugleich in ihren inneren Zusammenhängen darstellen. Diese zweifache Zielsetzung kommt in den Titeln der beiden Bände zum Ausdruck: Der Gesamttitel lautet: »Theologie des Alten Testaments. Ein kanonischer Entwurf«. Der erste Band trägt dann den Untertitel: »Kanonische Grundlegung«, der zweite: »Thematische Entfaltung«. Der erste Band erschien 1999, der zweite 2001.

Bei der Ausarbeitung des ersten Bandes folgte ich dem Gedanken meines Lehrers Gerhard von Rad, der geschrieben hat: »Die legitimste Form theologischen Redens ist immer noch die Nacherzählung.«[75] Dabei zeigte sich sehr bald, wie mühsam und zeitraubend es ist, die Texte wirklich Schritt für Schritt von Anfang bis Ende »nachzuerzählen«. Ein Rezensent sprach von meiner »amazing patience in getting it all down and following it through to the end«. Der gleiche Rezensent stellte aber auch fest, dass diese Nacherzählung »nothing exceptional« erbracht habe. Ein deutscher Kollege sagte mit einem leicht ironischen Lächeln: »Das steht ja eigentlich alles schon im AT.« Aber genau darum geht es mir. Üblicherweise gehen Verfasser einer Theologie des AT sehr eklektisch mit den Texten um, je nach ihrer eigenen Fragestellung. Ich wollte mich selbst dazu nötigen, die Texte in ihrer Ganzheit und in ihrer Endgestalt vor Augen zu führen, um damit die Basis für die thematische Entfaltung im zweiten Band zu legen.

---

75 Gerhard von Rad, Theologie des Alten Testaments, Bd. 1, München 1957, 126 (⁴1962, 134).

Dort habe ich dann die Themen nicht nach eigenen konzeptionellen Überlegungen angeordnet, sondern bin dem Auftreten der Themen im AT selbst gefolgt. Ein Beispiel dafür ist das Thema »Schöpfung«. Es erscheint sehr betont am Anfang des AT, so dass alles Folgende von daher zu lesen ist; dementsprechend ist es das erste der hier behandelten Themen, das dann durch das ganze AT hindurch verfolgt wird. Auch die weiteren Themen folgen soweit wie möglich ihrer Stellung in der vorliegenden Endgestalt der alttestamentlichen Texte. Viele Alttestamentler gehen aber ganz andere Wege. So erscheint in einem neueren Buch, das die verschiedenen »Theologien« im AT darstellt, der Schöpfungsglaube als Ergebnis der Auseinandersetzung der nach Babylonien ins Exil verbannten Judäer mit ihrer religiösen Umwelt, also aus einer relativ späten Epoche der Geschichte Israels.[76] Auch eine sehr verbreitete neuere Theologie des AT in den USA zitiert zum Thema »Schöpfung« zunächst Texte des »Jesaja im Exil« (Deuterojesaja) und erst später auch das erste Kapitel der Genesis.[77] Hier wird in einer historischen Fragestellung versucht, die Geschichte des theologischen Denkens im Alten Israel zu rekonstruieren. Dies wäre m.E. genauer als »Religionsgeschichte« und nicht als »Theologie« zu bezeichnen. Die dabei gewonnenen Einsichten sind zudem sehr subjektiv, weil sie auf der Textanalyse des jeweiligen Exegeten basieren, wobei die Texte aus ihrem jetzigen Zusammenhang herausgelöst werden.

Es bleibt abzuwarten, wie meine »Theologie« aufgenommen wird. Im deutschen Sprachbereich gibt es bisher nur wenige Rezensionen von alttestamentlichen »Fachleuten«. Dabei zeigt sich, dass manchen Rezensenten der – für die noch immer in Deutschland herrschende Tradition ungewöhnliche – Zugang nicht einleuchtet und dass sie deshalb das Konzept als ganzes kritisch bis negativ beurteilen. Auf der anderen Seite gibt es Rezensionen, deren Autoren sich auf das Konzept des Buches einlassen und ein sehr positives Gesamtbild entwerfen. Bei den Rezensionen, die für einen weiteren Leserkreis bestimmt sind, zeigt sich die gleiche Situation wie schon bei der »Einleitung«: Mein Ansatz wird durchweg begrüßt, weil er den Lesern einen ganz neuen Zugang zum Alten Testament ermöglicht; einige finden diesen Ansatz sogar »span-

---

[76] Erhard S. Gerstenberger, Theologien im Alten Testament. Pluralität und Synkretismus alttestamentlichen Gottesglaubens, Stuttgart 2001, 192ff.
[77] Walter Brueggemann, Theology of the Old Testament. Testimony, Dispute, Advocacy, Minneapolis 1997, 145ff.

nend«. Seit dem Vorliegen der englischen Ausgabe im Spätjahr 2004 – vorbildlich übersetzt und verlegt durch David Orton[78] – ergeben sich jetzt neue Aspekte. In der jährlichen Tagung der Society of Biblical Literature Ende November 2005 wurde ein eigenes *Panel* über meine Theologie veranstaltet, wobei evangelische, katholische und jüdische Rezensenten zu Wort kamen.[79] Unter ihnen fanden sich auch prominente Befürworter meines neuen Zugangs, der ohnehin in der nicht auf die »Wellhausen-Linie« festgelegten amerikanischen Situation[80] leichter vermittelbar ist. So bleibt die weitere Entwicklung abzuwarten.

Abschluss und Rückblick

»Ich bin aufgewachsen in der Zeit des Kirchenkampfes.« Diesen ersten Satz meiner Aufzeichnungen habe ich geschrieben, als meine Gedanken und Erinnerungen sich mit der ersten Etappe meines Lebens beschäftigten. Ich wollte damit die ambivalente Situation kennzeichnen, dass wir uns schon damals dessen bewusst waren, im Konflikt mit der Umwelt zu leben, dass wir uns aber gleichwohl als dazugehörig betrachteten. Diese Ambivalenz habe ich im einzelnen in der Spannung zwischen unserer kirchlichen Jugendarbeit und der Mitgliedschaft in der HJ bzw. dem Jungvolk beschrieben.[81] In dem Schicksal meines Bruders Klaus hat dies gleichsam seine äußerste Zuspitzung erfahren: zurückgekehrt aus dem Konzentrationslager, hinein in die aktive Teilnahme am Militärdienst bis schließlich zum Tod durch feindliche Kugeln.

Im Rückblick wird mir bewusst, dass diese ambivalente Situation, im Konflikt oder in der Opposition zu stehen und gleichwohl dazuzugehören, in meinem Leben an den verschiedensten Stellen akut geworden ist. In den ersten Nachkriegsjahren gab es für mich kaum Anlässe, die zu solchen ambivalenten Situationen hätten führen können. Dass ich meinen Studienweg eigentlich immer allein und nicht in ausgetretenen Pfaden gegangen bin, habe ich nicht als Ambivalenz empfunden. Aber bei den zwei besonders markanten Etappen meines Lebensweges

---

78 The Canonical Hebrew Bible. A Theology of the Old Testament, Leiden 2005.
79 Die Referate sind abgedruckt in der Zeitschrift Horizons in Biblical Theology 28 (2006).
80 S.o. S. 141ff.
81 S.o. S. 23ff.

wurde diese Ambivalenz dann ganz akut: bei der Begegnung mit Israel und dem Judentum und bei meinem hochschulpolitischen Engagement, insbesondere in der Zeit meines Heidelberger Rektorats.

Im Bereich des Verhältnisses zwischen Christen und Juden und ebenso dem der deutsch-israelischen Beziehungen waren und sind die Dinge selbst ambivalent. In beiden Bereichen habe ich früh und fast »im Alleingang« begonnen, Positionen aktiv zu vertreten, die dem allgemeinen Konsens zuwiderliefen.[82] Inzwischen ist Vieles Gemeingut geworden. So war 1965 die Gründung einer »Deutsch-Israelischen Gesellschaft« ein Gedanke von wenigen Außenseitern – heute gibt es ein halbes Hundert örtliche und regionale Arbeitsgemeinschaften. Aber wie schon seit den Anfängen gibt es viele Arbeitsgemeinschaften, in denen das Repräsentativ-Gesellschaftliche im Vordergrund steht, zumal ja die politischen Beziehungen keiner zusätzlichen Unterstützung durch örtliche Diskussionen und Aktivitäten zu bedürfen scheinen. Ganz anders im DIAK, der seit der Abspaltung von der DIG 1977[83] immer stärker eine oft sehr zugespitzte kritische Einstellung gegenüber der israelischen Politik vertritt. Ich bin nach wie vor Ehrenvorsitzender des DIAK, aber ich kann die dort vertretenen Positionen oft nicht nachvollziehen. So bin ich in diesen Fragen gleichsam heimatlos geworden.

Für das Verhältnis von Christen und Juden gilt zunächst Ähnliches: Was in den sechziger und siebziger Jahren eine nur von wenigen Außenseitern vertretene Position war, ist inzwischen in vielen kirchlichen Kreisen aufgegriffen worden. Die Entwicklung in Deutschland ist gekennzeichnet durch den Beschluss der Synode der Evangelischen Kirche im Rheinland »Zur Erneuerung des Verhältnisses von Christen und Juden« vom Januar 1980. War es bis dahin die herrschende christliche Position, das Unterscheidende und Trennende zwischen Christen und Juden herauszustellen, so begann jetzt eine gegenläufige Bewegung mit der Betonung des Gemeinsamen, beginnend mit einem neuen Bewusstsein der Entstehung des Christentums aus dem Judentum. Dabei haben sich vielfältige theologische Fragen ergeben, die bis heute sehr verschieden beantwortet werden. Allerdings sind es nur sehr begrenzte Kreise, die sich intensiver damit beschäftigen und auch für ihre eigene theologische Einstellung Folgerungen daraus ziehen. In offiziellen Ver-

---

82 S.o. S. 85f.
83 S.o. S. 87.

lautbarungen kirchlicher Instanzen begegnen hingegen immer wieder die alten Vorstellungen von einem grundlegenden Gegensatz zwischen Christentum und Judentum. Ich gehöre also auch hier zu einer Minderheit, wenn auch die Gegensätze hier nicht so ausgeprägt sind. Ich habe über viele Jahre meinen Beitrag zu diesem Thema geleistet, durch die Mitarbeit in verschiedenen Gremien, durch zahlreiche Vorträge und nicht zuletzt durch eine Reihe von Publikationen.[84] Heute kann ich die Entwicklung nur noch als mehr oder weniger unbeteiligter Beobachter verfolgen. (Das hat natürlich auch mit meinem Alter zu tun.)

In den hochschulpolitischen Diskussionen der sechziger und siebziger Jahre ist dann diese Ambivalenz in geradezu exemplarischer Weise sichtbar geworden. Ich habe oben beschrieben[85], wie ich als »Ordinarius« ganz allein meine Einstellung zu den sich anbahnenden Entwicklungen gesucht habe, und wie ich dann während meiner Rektoratszeit einerseits ganz isoliert geblieben bin, wie aber andererseits durch die Mehrheit in den Gremien meine Zugehörigkeit zum Ganzen der Universität eindrucksvoll bestätigt wurde. Aber hier zeigte sich dann, wie sehr es dabei auch um Machtfragen geht. Nachdem die »andere« Seite die Mehrheit bekommen hatte, war die Diskussion faktisch beendet.[86] Und ich war nicht nur der Verlierer, sondern war gleichsam gebrandmarkt für ganze hochschulpolitische und politische Bereiche. Ich habe aber oben beschrieben, dass ich damit gut leben kann.[87]

Schließlich ist auch die letzte Phase meiner theologischen Arbeit von dieser Ambivalenz geprägt. Ich habe oben beschrieben, wie ich 1974 einen Anstoß gegeben habe zur Infragestellung einer grundlegenden Position der neueren alttestamentlichen Wissenschaft, der »Urkunden-Hypothese« des Pentateuch. Ich habe gezeigt, dass diese Infragestellung weithin akzeptiert worden ist, dass aber keine Alternative in Sicht ist.[88]

84 Zahlreiche Publikationen zum christlich-jüdischen Dialog, u.a.: Israel und sein Land. Theologische Überlegungen zu einem politischen Problem, 1975; Thema: Juden, Christen, Israel. Ein Gespräch mit Helmut Gollwitzer, 1978; Arbeitsbuch Christen und Juden. Zur Studie des Rates der EKD, 1979 (4. Aufl. 1989); Die Kirchen und das Judentum. Dokumente von 1945–1985 (mit Hans Hermann Henrix) 1988; Hat denn Gott sein Volk verstoßen? Die evangelische Kirche und das Judentum seit 1945; Ein Kommentar, 1989; Christen und Juden heute. Neue Einsichten und neue Aufgaben, 1998.
85 S.o. S. 101ff.
86 S. Anm. 43: »Der Spuk war im Nu beendet.«
87 S.o. S. 122.
88 S.o. S. 140.

Ein möglicher Neuansatz mit einer ganzheitlichen (»kanonischen« oder »holistischen«) Sichtweise ist vor allem in Nordamerika konzipiert und weiterentwickelt worden, nicht hingegen in Deutschland. Das hat zur Folge, dass meine beiden letzten großen Veröffentlichungen, die »Einführung« und die »Theologie«, in denen ich diese Methode angewendet habe, innerhalb der deutschen alttestamentlichen Wissenschaft kaum aufgenommen worden sind und weithin abgelehnt werden. So bin ich auch hier am Ende eines langen wissenschaftlichen Lebensweges, bei dem das »Dazugehören« nie in Frage stand, für bestimmte Fachkreise zum Außenseiter geworden. Aber ich muss erneut hinzufügen, dass ich damit gut leben kann.[89]

So bleibt am Schluss Dankbarkeit.

---

89 Neben dem *panel* in Philadelphia möchte ich hier dankbar das Heft 2 des 20. Jahrgangs (2005) unserer Zeitschrift »Kirche und Israel« nennen.

Wenn Sie weiterlesen möchten ...

Dietz Lange (Hg.)
Nathan Söderblom
Brev – Lettres – Briefe – Letters. A selection from his correspondence

Lars Olof Jonathan (Nathan) Söderblom (15.1.1866–12.07.1931) gilt als Kirchenvater der Ökumene. Die Edition präsentiert die bisher unveröffentlichten Briefwechsel des Erzbischofs und Nobelpreisträgers (Ökumene und Weltfrieden, 1930) mit Kirchenführern, Theologen, Politikern, Journalisten und Künstlern, Menschen wie Albert Schweitzer oder Selma Lagerlöf.

Bis 1914 lehrte der Professor für Religionsgeschichte an der Universität Uppsala, ab 1912 war er erster Lehrstuhlinhaber dieses Faches an der Universität Leipzig. Mit den führenden Gestalten der Ökumenischen Bewegung früh in Kontakt gekommen, bemühte er sich während des Ersten Weltkrieges vielfach um Versöhnung der Krieg führenden Nationen und organisierte 1925 die Stockholmer Weltkirchenkonferenz.

Wenn Sie weiterlesen möchten ...

Irun R. Cohen
Regen und Auferstehung
Talmud und Naturwissenschaft im Dialog mit der Welt

Im Dialog zwischen Religion, Theologie und Naturwissenschaft hat nun eine jüdische Stimme das Wort: Der aus dem traditionsbestimmten Judentum kommende und international hochangesehene Immunologe Irun R. Cohen bringt den Talmud mit moderner naturwissenschaftlicher Forschung ins Gespräch. In allgemein verständlicher Weise und unterhaltsam führt er kompetent zunächst in den Talmud und jüdisches Denken ein. Er zeigt dann, dass jüdische Schriftgelehrsamkeit kritische Überlegungen moderner Forschung nicht nur nach-, sondern auch kompetent mitvollziehen kann. Ein interessanter und wichtiger Ansatz für die Beziehung zwischen Judentum und Naturwissenschaft ebenso wie für den christlich-jüdischen Dialog.